DAS FUNKELN IN DIR

24 BERÜHRENDE WEIHNACHTSGESCHICHTEN

LUKAS BENDER

Vorwort

Liebe Leserinnen und Leser,

Willkommen zu „Das Funkeln in Dir", eine Sammlung von 24 Kurzgeschichten, die nicht nur das Herz erwärmen, sondern auch die Seele zum Leuchten bringen. In einer Zeit, die oft von Hektik dominiert wird, bietet dieses Buch einen Rückzugsort, um sich den wesentlichen, oft vergessenen Dingen des Lebens zuzuwenden: Liebe, Hoffnung, Mitgefühl und Dankbarkeit.

Manchmal brauchen wir eine kleine Erinnerung daran, dass das wahre Glück in den unauffälligsten Momenten und den unscheinbarsten Orten verborgen liegt. Es offenbart sich in den Augen eines geliebten Menschen, in der stillen Geborgenheit eines friedvollen Winterabends oder in einer selbstlosen Geste der Nächstenliebe.

„Das Funkeln in Dir" ist nicht nur eine Sammlung von Geschichten, sondern eine Einladung, sich von der Magie der Weihnachtszeit berühren zu lassen. Mögen diese Erzählungen Ihr Herz erreichen und das leise, doch beständige Licht der Weihnacht in Ihnen entzünden. Wir hoffen, Sie inspirieren zu können, das Funkeln, das in jeder einzelnen Geschichte versteckt ist, auch in Ihrer eigenen Welt zu suchen, zu finden und weiterzugeben.

In herzlicher Verbundenheit,

Lesefreude Verlag

Inhalt

1 Ein Geschenk aus dem Herzen

Es war kurz vor Weihnachten, als Herr Schmidt, ein liebevoller Witwer und stolzer Opa im Einkaufscenter stand. Inmitten der festlich geschmückten Halle, zwischen Adventskugeln und Kerzenlichter fühlte sich das Herz von Herrn Schmidt plötzlich sehr schwer an. Bisher hatte seine kürzlich verstorbene Frau immer das perfekte Geschenk für ihre 8-jährige Enkelin, Emily, gefunden. Doch dieses Jahr war alles anders und Herr Schmidt fühlte sich überfordert und traurig, weil er nicht wusste, was er seiner geliebten Enkelin kaufen sollte.

Mit einem verlorenen Blick stand er vor Regalen voller Spielzeug, Bücher und buntem Weihnachtsschmuck. Die Auswahl erschien ihm unendlich und die Erinnerungen an die vergangenen glücklichen Weihnachtsfeste mit seiner Frau wurden immer präsenter. Traurig sagte er mit leiser Stimme zu sich selbst: „Ich wünschte, meine liebe Frau wäre noch hier, sie wüsste bestimmt, was Emily sich wünscht."

In diesem Moment eilte eine junge Mutter, Frau Wagner, mit ihrem lebhaften Kleinkind im Einkaufswagen an Herrn Schmidt vorbei. Sie bemerkte den betrübten Ausdruck auf seinem Gesicht. Sie selbst hatte nur wenig Zeit und musste noch viele Geschenke besorgen, aber sie spürte, dass der alte Mann Hilfe benötigte. Sie blieb stehen. Vorsichtig trat Frau Wagner zu Herr Schmidt heran und fragte freundlich: „Entschuldigung, ist alles in Ordnung? Kann ich Ihnen irgendwie behilflich sein?"

Der Witwer blickte überrascht auf. Erst war er verlegen, aber dann erzählte er der jungen Mutter von seiner Situation: „Na ja, also... Tatsächlich fühle ich mich etwas ratlos. Ich weiß nicht so recht, was ich meiner Enkelin zu Weihnachten schenken kann. Bisher hat das immer meine Frau gemacht. Sie wusste stets ganz genau, was Emily sich wünscht, verstehen Sie? Und nun ist meine Frau nicht mehr da und ich bin allein. Ich möchte so gerne das richtige Geschenk für meine kleine Emily aussuchen, aber wie soll man denn hier das richtige finden? Die Auswahl ist so groß. Ich bin wirklich verzweifelt."

Auf einmal sprudelte es nur so aus Herrn Schmidt heraus. Die schwere Last, dieses Jahr Weihnachten ohne seine Frau zu feiern, war ihm deutlich anzusehen.

„Aber ich möchte Sie auch nicht aufhalten. Ich sehe, Sie haben selbst ein Kind. Sicher haben Sie viel zu tun. Bitte entschuldigen Sie meinen Ausbruch. Meine Gefühle haben mich überwältigt."

Frau Wagner lächelte sanft und sagte: „Ich kann mir vorstellen, wie schwer das für Sie sein muss. Aber machen Sie sich keine Sorgen, wir werden gemeinsam das perfekte Geschenk für Ihre Enkelin finden. Was mag Emily denn gerne? Hat sie bestimmte Hobbys oder Interessen?"

Herr Schmidt, kurz überrascht von der Hilfsbereitschaft der jungen Frau, war gerührt und nickte. Er begann zu erzählen, dass Emily gerne las und dass sie Tiere sehr liebte. Ihr Traum war es, einmal eine außergewöhnliche Tierärztin zu werden, so der Witwer. Emily freute sich immer so sehr, wenn sie gemeinsam zum Pferdehof in der Nachbarschaft gingen und sie die Pferde mit Gras füttern konnte.

Frau Wagner dachte einen Moment nach und sagte dann: „Ich habe eine Idee! Kommen Sie mit mir in die Buchhandlung hier im Center. Dort gibt es bestimmt wunderbare Bücher über Tiere und vielleicht auch Abenteuergeschichten von Pferden. Das könnte Emily bestimmt gefallen!"

Mit einem neuen Funken Hoffnung folgte Herr Schmidt Frau Wagner in die Buchhandlung. Gemeinsam stöberten sie durch die Kinderbuchabteilung und entdeckten schließlich ein zauberhaftes Buch mit Geschichten von einer mutigen, jungen Tierärztin, die aufregende Abenteuer erlebte und Tieren half.

Als Herr Schmidt das Buch in den Händen hielt, spürte er, wie eine große Anspannung von ihm abfiel. Die Angst seiner Enkelin kein schönes Geschenk machen zu können war vertrieben und er war von der Dankbarkeit für die hilfsbereiten Frau an seiner Seite tief ergriffen. „Vielen Dank, dass Sie mir geholfen haben. Ich bin so froh, dass ich Sie getroffen habe. Sie sind ein Geschenk des Himmels."

Sie lächelte liebevoll und erwiderte: „Es war mir eine Freude, Ihnen zu helfen. Weihnachten ist eine Zeit der Liebe und des Gebens. Natürlich fehlen uns in dieser Zeit die Menschen, die gegangen sind am meisten, deshalb ist es so wichtig auch auf die Menschen Acht zu geben, die Hilfe benötigen. Ich wünsche Ihnen und Ihrer Enkelin eine frohe Weihnachtszeit."

Herr Schmidt bedankte sich herzlich und wusste, dass er das perfekte Geschenk für Emily gefunden hatte. Er erkannte, dass selbst in der Trauer und Einsamkeit die Wärme und das Mitgefühl anderer Menschen das Herz wieder zum Leuchten bringen können.

Und so kehrte Herr Schmidt mit einem strahlenden Lächeln nach Hause zurück, und freute sich darauf bald Emily mit seinem Geschenk überraschen zu können. Er war fest entschlossen, das Weihnachtsfest genauso liebevoll und besinnlich für seine Enkelin zu gestalten, wie es bisher immer seine Frau getan hatte.

2 Der Dieb

Es war mitten im Dezember, als der neunjährige Henry durch die verschneiten Straßen der großen Hochhäuser umherging. Er trug eine alte, dünne Jacke und war traurig. Er wollte dieses Jahr seiner geliebten Mutter unbedingt ein Geschenk machen, aber er wusste nicht, wie er das anstellen könnte. Seine Familie hatte kaum genug Geld, um Lebensmittel zu kaufen, geschweige denn Weihnachtsgeschenke.

Als Henry durch die Straßen schlenderte, bemerkte er ein wunderschönes Glas Honig im Schaufenster in einem kleinen Laden. Seine Mutter liebte Honig sehr, aber Henry wusste, dass sie sich selbst niemals ein Glas leisten würde. Eine Idee schoss ihm durch den Kopf, eine Idee, die sich nicht richtig anfühlte, aber aus Verzweiflung geboren wurde. „Es war doch nur ein kleines Glas Honig", dachte er.

Henry schaute sich nervös um und bemerkte, dass niemand in der Nähe war. Er zögerte einen Moment, dann ging er unauffällig in den Laden, griff nach dem Honig und steckte es schnell in seinen Rucksack. Sein Herz pochte heftig, und er fühlte sich schuldig, aber er wollte unbedingt seiner Mutter eine kleine Freude bereiten.

Hastig verließ er den Laden und war erst ein paar Schritte gegangen, als ein Passant ihn ansprach. Es war ein älterer Herr, der freundlich sagte: „Hallo, kleiner Freund, ich habe gesehen, was du gerade getan hast", sagte der Passant ruhig.

Henrys Herz begann heftig zu schlagen. Er fühlte sich ertappt und bekam es nun richtig mit der Angst zu tun. „Es tut mir leid", stammelte er, „ich wollte doch nur meiner Mutter eine Freude machen. Ich habe leider kein Geld, um ihr ein Geschenk zu kaufen", begann er verzweifelt seine Schuld zu erklären.

Der Passant bückte sich, um Henry auf Augenhöhe zu begegnen, und sagte einfühlsam: „Ich verstehe, dass du das Beste für deine Mutter möchtest, aber Diebstahl ist nicht der richtige Weg. Meinst du, deine Mutter möchte, dass du eine Straftat begehst, um ihr eine Freude zu bereiten? Denkst du, sie freut sich noch über den Honig, wenn sie erfährt, was du dafür getan hast?"

Henry wird sofort klar, dass dies natürlich nicht der Fall wäre und seine Mutter wahrscheinlich sogar sehr enttäuscht von ihm sein würde. Sie hatte immer gesagt, dass nur ehrliche Menschen im Leben wirklich etwas erreichen könnten.

„Komm, lass uns das Glas Honig zurückbringen und uns beim Ladenbesitzer entschuldigen." schlägt der nette Herr vor.

Zögernd folgte Henry dem Passanten zurück in den Laden. Er hatte Angst seinen Diebstahl zu beichten, aber natürlich wusste Henry, dass er das Richtige tun musste. Beschämt trat Henry an den Ladenbesitzer heran und gab entschuldigend das Glas Honig zurück.

Der Ladenbesitzer, ein älterer, stämmiger Mann, war zunächst sehr verärgert, als er erfuhr, was passiert war. Doch als er den traurigen Blick des Jungen sah und seine aufrichtige Entschuldigung hörte, entschied er sich, von einer Anzeige abzusehen.

„Junge, du hast einen Fehler gemacht, aber du hast auch den Mut gehabt, ihn zu bereinigen", sagte der Ladenbesitzer ernst. „Pass auf dich und deine Mutter gut auf."

Nachdem sich Henry bei dem Ladenbesitzer entschuldigt hatte, fühlte er sich ein wenig erleichtert. Er wusste, dass es falsch war, das Glas zu stehlen, auch wenn er es aus Liebe zu seiner Mutter getan hatte.

Der Passant hatte draußen auf Henry gewartet und sagte: „Du hast das Richtige getan, indem du dich entschuldigt hast und das Glas zurückgebracht hast. Das zeigt wahre Größe. Deine Mutter kann sehr stolz auf dich sein."

Henry sah den Passanten dankbar an und sagte mehr zu sich selbst: „Aber ich kann meiner Mutter immer noch kein Geschenk machen."

Der Passant lächelte und sagte „Warte kurz hier." Er ging hinein in den Laden und kam nur wenige Minuten später wieder heraus. Er zog eine kleine, braune Papiertüte aus seiner Tasche, reichte sie Henry und sagte: „Hier, das ist für dich."

Henry schaute in die Tüte hinein und darin war das Glas Honig, das er zuvor gestohlen hatte. Henrys Augen leuchteten auf. „Danke", flüsterte er gerührt. „Aber wieso haben Sie das getan?"

Der Passant lächelte. „Weißt du mein Junge, an Weihnachten geht es nicht um die Geschenke. Es geht um die Liebe, die wir geben können. Ich wünsche dir und deiner Mutter frohe Weihnachten!"

Die Begegnung mit dem freundlichen Passanten berührte sein Herz. Von dem heutigen Tag an, schwor sich der kleine Henry, würde er nie wieder stehlen und immer ehrlich sein.

3 Die Schneeballschlacht

Es war ein kalter Wintertag kurz vor Weihnachten. Eine kleine Gruppe von Jungs tobte vergnügt auf einer verschneiten Wiese und veranstaltete eine fröhliche Schneeballschlacht. Ihre Augen leuchteten vor Freude und sie lachten fröhlich, während sie sich mit Schneebällen bewarfen.

Unter einem Baum, etwas abseits von der tobenden Schneeballschlacht, stand ein Junge namens Timmy. Timmy kam aus einer armen Familie und seine Kleidung war dünn und abgetragen. Sein Gesicht war traurig, denn er fühlte sich einsam und sehnte sich danach, sich den anderen Jungs anzuschließen.

Einer der Jungen, Deyvid, bemerkte Timmy und spürte, dass etwas nicht stimmte. Er unterbrach die Schneeballschlacht und ging zu Timmy. „Hey, möchtest du mit uns spielen?", fragte Deyvid mit einem Lächeln im Gesicht. Timmy sah überrascht auf und nickte schüchtern. „Ja, sehr gerne", sagte er leise.

Deyvid lächelte freundlich: „Na dann los." Sofort formte Deyvid einen Schneeball mit seinen Händen und traf den Neuling auf dem Kopf. Timmys Haare waren gleich durchnässt, weil er keine Mütze trug. Deyvid fragte: „Hast du denn keine Mütze? Du bist doch gleich ganz nass."

Timmy wurde verlegen und sagte nur „Nein, habe ich nicht. Aber das macht nichts." Jetzt fiel Deyvid auch die dünne und zerzauste Kleidung auf, die der Junge trug. Ihm wurde klar, dass Timmys Eltern sich wahrscheinlich keine warme Kleidung leisten konnten.

Er zog seine Mütze und seine Handschuhe aus. „Hier, nimm diese. Mir ist sowieso immer sehr warm", sagte Deyvid großzügig und lief sofort weiter und formte den nächsten Schneeball, damit Timmy keine Widersprüche einlegen konnte.

Timmy war gerührt von der Freundlichkeit des Jungen. Er setzte die warme Mütze auf und zog die kuscheligen Handschuhe an. Jetzt fühlte er sich nicht mehr einsam und fror auch nicht mehr.

Sie bildeten Teams, und Timmy wurde sofort herzlich in die Gruppe mit aufgenommen. Sie lachten und tobten noch eine ganze Weile gemeinsam. Deyvid und die anderen Kinder behandelten Timmy wie einen alten Freund.

Während sie spielten, fing es plötzlich an zu schneien. Die Schneeflocken wirbelten um sie herum und die Welt schien in magisches Weiß gehüllt zu sein. Die Jungs jubelten vor Begeisterung und rannten fröhlich im Schnee herum.

Dann wurde es Zeit sich auf den Heimweg zu machen. Die Jungs wollten sich auch am nächsten Tag wieder hier treffen. Deyvid sagte zu Timmy: „Hey, du kommst doch auch morgen wieder, oder?" „Ja, na klar", antwortete dieser freudestrahlend und wollte gerade die Mütze und die Handschuhe wieder ausziehen, als Deyvid sagte: „Die Mütze und die Handschuhe kannst du behalten. Ich brauche sie nicht, ich habe noch andere zu Hause."

Timmy war überwältigt von der Großzügigkeit seines neuen Freundes und bedankte sich überschwänglich. „Bis morgen dann, Timmy" verabschiedete sich Deyvid mit einem Lächeln und rannte nach Hause.

Timmy war glücklich und so dankbar. In den nächsten Tagen und Wochen spielten die Jungs oft zusammen und wurden unzertrennliche Freunde. Deyvids großes Herz hatte gezeigt, dass die Liebe und Güte, die wahre Magie der Weihnachtszeit ist.

Und so endet unsere Geschichte mit einem wichtigen Weihnachtsmotto: „Teilen schenkt nicht nur Freude, sondern auch Freundschaft und Wärme."

4 Die Zweiflerin

In einem malerischen, schneebedeckten Dorf lebte ein kleines Mädchen namens Marleen. Marleen war sanftmütig und freundlich zu allen um sie herum. Das wussten alle - außer sie selbst. Sie hatte oft Selbstzweifel und glaubte, dass sie nicht gut genug sei.

Eines Tages betrat Marleen den kleinen, gemütlichen Bäckerladen, der Duft von frisch gebackenem Brot und süßem Gebäck erfüllte die Luft. Eine alte Dame vor ihr in der Schlange murmelte frustriert vor sich hin, während sie versuchte mit zitternden Händen die Münzen in ihrem Portemonnaie zu zählen und herauszunehmen. Die Menschen hinter ihr wurden unruhig, einige seufzten genervt, andere warfen verstohlene, ungeduldige Blicke auf die Uhr.

Marleen, mit ihrer einfühlsamen Art, trat vor. Sie bot der Dame freundlich an, beim Suchen der Münzen aus dem Geldbeutel zu helfen. Die Dame schenkte dem Mädchen ein dankbares Lächeln und für einen kurzen Moment fühlte Marleen sich glücklich, dass sie helfen konnte. Doch während sie den Betrag zusammensuchte, hörte sie bereits jemanden hinter sich leise murmeln: „Manche Leute halten einfach alles auf."

Marleens Herz sank. Obwohl sie eine gute Tat vollbracht hatte, konzentrierte sich ihre Aufmerksamkeit auf den negativen Kommentar. Sie bezahlte die Ware mit einem erzwungenen Lächeln und verließ schnell den Laden.

Nur wenige Augenblicke später ging Marleen die Straße entlang und sah, wie ein junges Kätzchen aus den Armen eines kleinen Mädchens entwischte und über die Straße huschte. Marleen sprang ohne zu zögern mit erhobener Hand vor ein sich schnell näherndes Auto, in der Hoffnung, dass das Auto rechtzeitig stoppen würde.

Der Fahrer hielt verärgert über die unerwartete Unterbrechung an und rief aus dem Fenster: „Pass das nächste Mal besser auf!" Das Kätzchen aber wurde sicher zurück in die Arme des kleinen Mädchens gebracht. Das Mädchen umarmte Marleen dankbar.

Marleen war eine Heldin, eine liebevolle Seele, die ohne zu zögern Gutes tat. Doch in Marleens Kopf hallten nur die genervten Worte des Autofahrers nach: „Pass das nächste Mal besser auf!" Ihr Herz war schwer, obwohl sie gerade zweimal eine gute Tat vollbracht hatte.

Der Tag ging weiter und trotz der dankbaren Blicke und Worte, die ihr zuteilwurden, sah Marleen das, was sie in ihren Augen nicht erreicht hatte. Sie sah nicht den erleichterten Ausdruck der alten Frau oder das strahlende Lächeln des kleinen Mädchens. Sie war enttäuscht, dass sie die Menschen in der Bäckerei und den Autofahrer verärgert hatte.

Am späten Nachmittag kam Marleen mit gesenktem Kopf nach Hause. Nebenan war ihre Nachbarin Frau Schürmann und schaufelte Schnee aus ihrer Einfahrt. Sie sah Marleen und trat mit einem warmen Lächeln an sie heran.

„Marleen, mein Kind, warum siehst du so traurig aus?", fragte sie. Marleen antwortet geknickt: „Ach, Frau Schürmann... es ist nur, dass ich mich frage, ob ich überhaupt irgendetwas richtig mache. Ich versuche, freundlich und hilfreich zu sein, aber es scheint, als würde ich dabei ständig Fehler machen oder Menschen verärgern."

Marleen teilte ihre Gedanken, ihre Selbstzweifel und ihre Wahrnehmung der Ereignisse des Tages mit Frau Schürmann. Die verärgerten Menschen beim Bäcker sowie das genervte Kommentar des Autofahrers lösten in Marleen das Gefühl aus, dass sie die Situationen nicht richtig hatte lösen können.

Frau Schürmann hörte Marleen geduldig zu und wie sie von den Ereignissen berichtete. Sie legte eine Hand auf Marleens Schulter.

„Liebes, warum siehst du nur die Dornen und nicht die Rosen? Ich möchte dir eine Geschichte erzählen von einem Jungen namens Niklas. Niklas saß auf einer Bank in der Nähe eines Einkaufladens und sah, wie ein alter Mann Schwierigkeiten hatte seine Einkäufe nach Hause zu bringen. Ohne zu zögern sprang der Junge auf und wollte dem Mann helfen, indem er ihm die schwerste Tasche abnahm und für ihn nach Hause trug. Der Mann war so froh, dass Niklas ihn bemerkt hatte und bedankte sich mehrmals für seine Hilfe. Als sie bei dem Zuhause des Mannes angekommen waren, brachte Niklas den Einkauf noch hoch bis in den 3. Stock. Dort wartete bereits die Tochter des alten Herrn. Nun ja und dann geschah es. Als Niklas gerade die schwere Tasche auf den Tisch heben wollte, zerriss die Tüte von dem Gewicht der Lebensmittel. Der Einkauf fiel heraus und die Eier zerschlugen auf den Boden. Die Tochter des Mannes reagierte heftig. Sie sagte zu Niklas „Kannst du nicht aufpassen? Na toll, jetzt kann ich gleich nochmal losfahren, um die Eier zu kaufen." Der alte Mann widersprach seiner Tochter und sagte Niklas nochmal wie dankbar er war und dass der Riss der Tüte nicht seine Schuld gewesen sei. Doch Niklas verließ das Haus und war unendlich traurig. Er war beschämt und dachte wie dumm es von ihm gewesen war, dass die Tüte zerrissen ist."

Marleen war bestürzt und konnte sich nicht zurückhalten und sprach: „Aber das ist doch nicht fair, Frau Schürmann! Der Junge hat doch nur geholfen und eine wirklich gute Tat vollbracht. Dass die Tüte gerissen ist, war doch überhaupt nicht seine Schuld."

Frau Schürmann lächelte sanft und nickte: „Ja, genau, Marleen. Ist es nicht verrückt, dass der Junge das selbst nicht gesehen hat? Dass er nicht schuld war, an dem Unglück, sondern dass er dem alten Mann etwas wirklich Gutes getan hatte. Auch du, Marleen, tust viele gute Dinge und bringst so viel Licht in die Leben der Menschen um dich herum. Wir alle hier im Dorf wissen das. Aber wie der Junge, siehst auch du manchmal nur die dunklen Wolken und übersiehst den blauen Himmel, den du geschaffen hast."

Marleen blieb für einen Moment still, während Frau Schürmanns Worte langsam in ihrem Kopf nachhallten. Nach einer Weile meinte Marleen: „Aber es ist so schwierig, die negativen Worte zu vergessen, Frau Schürmann."

„Das, mein liebes Kind, ist die Herausforderung, der wir alle gegenüberstehen. Wir müssen lernen das Positive in unserem Leben zu sehen und es wertzuschätzen, auch wenn es manchmal von Schatten begleitet wird. Dein Licht ist stark, Marleen. Erlaube dir selbst dich wertzuschätzen. Du bist wunderbar."

Marleen nickte langsam, die nun versuchte die Liebe und Wärme in Frau Schürmanns Worten anzunehmen. Sie erkannte, dass ihre Selbstzweifel von einer verengten Sicht auf ihre Welt herrührten und dass sie blind war für die Liebe und Anerkennung, die sie von anderen erhielt. Marleen lernte an diesem Tag die Bedeutung der Selbstliebe. Sie wusste, dass sie, genau wie jeder andere, einzigartig und kostbar war. Und wann immer die Selbstzweifel wieder in ihr hochkamen, wollte sie dagegen ankämpfen und sagte zu sich selbst: „Du bist gut, wichtig und wertvoll."

5 Funkelnde Schneekugel, strahlendes Herz

Die Stadt erwacht im Glanz der festlichen Jahreszeit. Lichter schmücken die Straßenlaternen und die Fenster der Geschäfte leuchten in warmem Gold. Überall ist das fröhliche Lachen von Menschen zu hören, die in dicken Mänteln und Schals durch die Straßen spazieren. Der zentrale Platz erstrahlt in einem Meer aus Farben, während das alljährliche Adventssingen bevorsteht. Ein gewaltiger Weihnachtsbaum thront in der Mitte des Platzes, geschmückt mit funkelnden Kugeln und glitzernden Girlanden. Über den Köpfen der Menschen schwebt der Duft von gebrannten Mandeln und warmen Glühwein, während sie sich um das Zentrum der Aufmerksamkeit versammeln.

Inmitten dieser zauberhaften Kulisse steht ein kleines Mädchen namens Josefine. Heute haben ihre Eltern ihr eine große Schneekugel geschenkt - ein funkelndes Leuchten im Inneren. Sie drückt die Schneekugel fest an ihre Brust und spürt freudige Aufregung. „Sie ist so schön", flüstert sie sich selbst zu und bewundert den sanften Schneefall in der Kugel.

Doch plötzlich wird ihre Aufmerksamkeit von einem Anblick abgelenkt, der sie innehalten lässt. Ein Junge, ungefähr in ihrem Alter, sitzt auf einer Bank am Rand des Platzes. Seine Kleidung ist dünn und er reibt sich die Hände, um sie ein wenig vor der Kälte zu schützen. Sein Blick ist leer, als er auf den Boden starrt. Josefine beobachtet ihn mitfühlend, spürt das Gefühl der Not, das ihn umgibt und ihr Herz beginnt schneller zu schlagen.

Ein innerer Konflikt bricht in Josefine aus. Ihre Finger umklammern die Schneekugel und sie spürt den scharfen Kontrast zwischen der Freude, die das Geschenk in ihr auslöst, und dem Mitgefühl, das sie für den bedürftigen Jungen empfindet. „Was soll ich tun?", flüstert sie unsicher. Ihr Blick wechselt zwischen der Schneekugel und dem Jungen hin und her.

Während die ersten Töne des Adventssingens die Luft erfüllen, ringt Josefine mit sich selbst. Schließlich, von einem unerklärlichen Impuls getrieben geht sie langsam auf den Jungen zu. „Hallo", sagt sie leise, ihre Stimme zittert leicht. Der Junge hebt den Kopf und blickt sie überrascht an. „Für dich", sagt Josefine und reicht ihm die Schneekugel.

Der Junge starrt auf die Schneekugel in seinen Händen, als könnte er es kaum glauben. Ein zartes Lächeln huscht über sein Gesicht und seine Augen füllen sich mit Freude. „Danke", flüstert er, seine Stimme voller Emotionen.

Josefine spürt eine Mischung aus Aufregung und Verwirrung. Die Schneekugel, die ihre Eltern ihr geschenkt haben, verliert plötzlich an Bedeutung im Vergleich zu dem Glücksgefühl, das sie empfindet, als sie in das Gesicht des Jungen sieht. Ihre Hand berührt sanft seine Schulter und sie lächelt warm. „Frohe Weihnachten", sagt sie und kehrt zu ihrer Familie zurück.

Während das Adventssingen in vollem Gange ist, fühlt Josefine eine Wärme in ihrem Herzen, die nicht von den Lichtern oder der festlichen Stimmung kommt. Es ist die Wärme der Barmherzigkeit, die Freude des Teilens und die Gewissheit, dass sie einen Moment der Freude für jemanden geschaffen hat, der sonst vielleicht übersehen worden wäre. Die Schneekugel mag nun in den Händen des Jungen sein, aber an das Gefühl ihrer Geste wird sie sich ihr Leben lang erinnern.

6 Funke der Veränderung

Die winterliche Kälte war hereingebrochen und hatte den Schulhof mit einer schimmernden Glätte belegt. Die Weihnachtszeit stand bevor, doch nicht jeder Schüler konnte die Festlichkeit uneingeschränkt genießen - vor allem nicht Leon.

Leon war ein schüchterner Junge und ein kleiner Tagträumer. Seine dunklen Augen strahlten Freundlichkeit aus, aber der Fokus auf seine Gedanken machte ihn manchmal etwas tollpatschig. An diesem düsteren Morgen war er in seinen Träumen vertieft, als er über eine Bordsteinkante stolperte und fast zu Boden fiel. Dies katapultierte ihn direkt in den Mittelpunkt der Aufmerksamkeit.

Eine Gruppe von Kindern, angeführt von Max, einem lauten und selbstgefälligen Jungen, lachte über Leon. „Schaut euch an, wie tollpatschig Leon ist. Er kann nicht einmal laufen ohne über seine eigenen Füße zu stolpern!" Max brach in Gelächter aus, gefolgt von einem Chor kalter Spöttereien.

Die Wangen von Leon glühten vor Scham, während er vergeblich versuchte seine Tränen zurückzuhalten. Die anderen Kinder stießen sich gegenseitig an und äfften seine unbeholfenen Bewegungen nach.

Doch plötzlich durchdrang eine entschlossene Stimme das allumfassende Gelächter. „Hey Max, erinnerst du dich an letzte Woche, als du mit deinem Fahrrad auf dem Schulhof gestürzt bist?" Die Worte kamen von Anton, Leons bestem Freund. Sein Blick war fest, seine Haltung standhaft.

Max schaute Anton überrascht an, während die anderen Kinder verstummten. „Ja, das war echt lustig", sagte Max, doch seine Stimme versagte leicht. „War es das wirklich?" fragte Anton ruhig. „Erinnerst du dich, wie verärgert du warst, als alle darüber gelacht haben? Du hast gesagt, es sei gemein gewesen."

Max senkte den Blick und sagte nichts.

„Genau das passiert gerade wieder, hier mit Leon. Es ist nicht fair über jemanden zu lachen, der in Gedanken versunken ist und stolpert. Wir sollten einander unterstützen, anstatt über Andere zu lachen."

Die Stille legte sich wie ein dichter Nebel über den Schulhof. Sogar Max schien die Wahrheit von Antons Worten zu spüren und sein Gesicht nahm einen verlegenen, widerstrebenden Ausdruck an.

Anton drehte sich zu Leon um und lächelte aufmunternd. „Du bist viel mehr als deine tollpatschigen Momente, Leon. Jeder von uns hat seine eigenen Stolpersteine. Lass nicht zu, dass andere dich davon abhalten du selbst zu sein."

Leons Lippen zuckten zu einem vorsichtigen Lächeln. Es war, als ob Anton ihm ein Schutzschild reichte, das die Kälte des Hohns auf Abstand hielt.

Viele Kinder, sichtlich beeindruckt von Antons Mut sich der Menge entgegen zu stellen, begannen leise Entschuldigungen zu murmeln und sich mit gesenkten Köpfen aus der schaulustigen Menschenansammlung zu entfernen, um reumütig wieder die eigenen Klassenräume aufzusuchen.

Auch Max verstand schnell, wie schmerzlich es für Anton sein musste alleine dazustehen und ausgelacht zu werden. Er geht zu Leon und sagt schuldbewusst: „Tut mir leid, Leon, dass ich so über dich gelacht habe. Ich habe mich auch blöd gefühlt, als die Anderen mich ausgelacht haben. Ich schätze ich wollte einfach nicht als Einziger dumm dastehen."

„Schon ok", sagte Leon, überrascht von Max' Ehrlichkeit.

Antons Mut hatte es geschafft, die anderen Kinder für Solidarität und Verständnis mehr zu sensibilisieren.

Die Geschichte von Leon und Max erinnerte alle daran, wie wichtig es war, einander mit Menschlichkeit und Mitgefühl zu begegnen. Denn zu schnell wenden wir uns ab und vergessen die Welt mit den Augen unserer Mitmenschen zu sehen.

7 Die Melodie der Selbstliebe

Fenja läuft behutsam die Stufen zum Wohnzimmer hinunter. Dort entdeckt sie ihre Großmutter, die in einem alten Fotoalbum vertieft ist. Ihr beider Band zueinander war stets besonders stark. Sie lächelt, als sie Fenja erblickt. „Schau mal", sagt sie und zeigt auf ein Foto junger Musiker, „Das ist vom alten alljährlichen Musikfestival. Was für ein Abenteuer das damals war!"

Fenja reagiert zögerlich. „Ich weiß, das Festival steht wieder vor der Tür." Die Großmutter blickt auf und schaut ihre Enkelin fragend an. „Du spielst immer so wunderbar Gitarre und singst so schön. Wirst du auch wieder auftreten?" „Ach, Oma, ich weiß nicht. Ich denke dieses Jahr nicht", antwortete Fenja mit bedrückter Stimme. „Aber Liebes, bisher hat es dir doch immer so viel Spaß gemacht. Die Menge war von deiner Stimme so begeistert. Warum möchtest du dieses Jahr nicht auftreten?" fragt die alte Frau nachdenklich. Fenja atmet tief durch. „Ich habe Angst, Oma. Ich fürchte, man wird über mich lachen – du weißt schon, weil ich zu dick bin." Fenjas Großmutter wird ernst. „Lass niemals zu, dass Unsicherheiten wie dein Gewicht dich bremsen. Du bist eine großartige Musikerin. Zeige der Welt dein Talent."

„Na ja, mal sehen", sagt Fenja und verlässt kurz darauf das Haus, um das unangenehme Gespräch zu beenden. Sie geht in ein Café um nachzudenken und bestellt einen Kaffee. Sie setzt sich an einen Tisch mit Blick auf die Straße. Kurz darauf setzt sich ein junger Mann, Alex, an den Tisch neben ihr.

Nach einer Weile bemerkt er ihre Gitarre. „Du spielst?", fragt er freundlich. Fenja blickt auf und sie entdeckt eine auffällige, große Narbe, die von seinem Haaransatz an seinem linken Auge vorbei bis zu seiner Wange reicht. Fenja starrt den jungen Mann an, dann bemerkt sie ihre Unhöflichkeit und schaut schnell beschämt zur Seite. „Entschuldige, ich wollte dich nicht anstarren", murmelt sie.

Alex lächelt. „Mach dir keine Sorgen. Die Narbe hat ihre eigene Geschichte." Er erzählt ihr, wie er an einem schönen Sommermorgen mit dem Fahrrad zur Arbeit fahren wollte. Er war spät dran und zügig unterwegs. Als er an einer großen Kreuzung abbiegen wollte, kam ein Auto angerast und hatte ihn einfach übersehen. Alex versuchte noch auszuweichen, doch er hatte keine Chance. Das Auto traf ihn und er schlug hart auf den Bordstein auf. Er erzählt, wie er sechs Brüche am ganzen Körper hatte und lange im Krankhaus bleiben musste. Die Brüche verheilten, aber die Narbe im Gesicht blieb. „Ich konnte nicht mehr in den Spiegel schauen. Es hat wirklich lange Zeit gedauert, bis ich gelernt habe mich selbst mit der Narbe zu akzeptieren. Einige Monate habe ich mich zurückgezogen und mich unter Menschen nicht mehr wohlgefühlt", sagte Alex schließlich lächelnd.

„Aber weißt du was, heute bin ich verheiratet mit der schönsten und tollsten Frau auf der Welt und sie hat mich gelehrt, dass wahre Schönheit von innen kommt. Jetzt stört mich die Narbe überhaupt nicht mehr."

Fenja ist sichtlich beeindruckt von Alex' Geschichte. „Wow, das klingt nach einer tollen Veränderung, die du durchgemacht hast", sagt sie. „Ich werde mich wohl niemals wohlfühlen in meinem Körper" fügt sie traurig hinzu. „Aber wieso denn nicht?", fragt Alex erstaunt. „Na ja, ich fühle mich unsicher wegen meines Gewichts", antwortet Fenja zögernd. Alex sagt mitfühlend: „Weißt du, du bist nicht allein. Jeder Mensch hat seine Unsicherheiten. Ich habe meine eigenen durchgestanden. Aber sie haben mich zu dem gemacht, der ich heute bin. Auch du wirst das noch schaffen. Spielst du jetzt eigentlich Gitarre?"

Fenja lacht. „Ja, und ich denke darüber nach beim Festival aufzutreten." Alex strahlt. „Das ist großartig! Meine Frau und ich werden da sein und dir zuhören." „Na ja, mal sehen" antwortet sie mit einem schüchternen Lächeln.

Als Fenja das Café verlässt überschlagen sich ihre Gedanken. Alex Geschichte faszinierte sie. Es war erstaunlich wie offen er mit ihr über seine Narbe gesprochen hat und wie es ihm ganz offensichtlich überhaupt nichts ausgemacht hat, dass sie ihn so lange angestarrt hatte. Sie fühlte sich bestärkt auch an sich zu glauben.

Das Musikfestival rückt näher und schließlich ist es soweit. Lange hat sie darüber gegrübelt, ob sie es wagen sollte auf die Bühne zu gehen. Es waren schließlich die Worte von Alex die ihr durch den Kopf getigert sind *„Wahre Schönheit kommt von innen. Ich habe meine eigenen Unsicherheiten durchgestanden. Auch du wirst das noch schaffen."*

Und nun ist es soweit. Fenja steht selbstbewusst auf der Bühne, die Klänge ihrer Gitarre erfüllen den Raum. Ihre Großmutter steht voller Stolz im Publikum. Auch Alex erkennt Fenja wieder und Bewunderung spiegelt sich in seinem Gesicht wider. Als Fenja singt, ist es, als würde sie jeden im Raum berühren. Ihre Unsicherheiten mag es noch geben, aber in diesem Moment sind sie bedeutungslos. In ihrem Herzen spürt sie die tiefe Kraft der Selbstakzeptanz – die wahre Melodie der Selbstliebe.

8 Zwischenstopp des Schicksals

Es war kalt draußen, als Jonas mit seinem Koffer am Bahnhof stand und auf den Zug nach Berlin wartete. Er war auf dem Weg zu seiner Familie, um Weihnachten zu feiern. Die Weihnachtsstimmung war trotz der Kälte spürbar: Menschen eilten an ihm vorbei, ihre Gesichter von Vorfreude und festlicher Stimmung beleuchtet.

Er bemerkte Angelina, die ein paar Schritte von ihm entfernt stand. Ihr Gesichtsausdruck stand im Kontrast zu den anderen: Sie sah traurig und verzweifelt aus. Jonas fühlte sich sofort zu ihr hingezogen und beschloss, sie anzusprechen.

„Ist alles in Ordnung?" fragte er. Angelina blickte erstaunt auf und sagte mit trauriger Stimme: „Der letzte Zug nach München wurde gerade gestrichen. Ich werde dieses Jahr Weihnachten wohl alleine verbringen müssen."

Jonas schaute auf die Anzeigetafel, sein Zug würde in wenigen Minuten abfahren. Ohne weiter darüber nachzudenken, sagte er: „Wie wäre es, wenn wir zusammen einen Kaffee trinken gehen? Es ist Heiligabend, da sollte niemand alleine sein."

Ein schwaches Lächeln huschte über Angelinas Gesicht. „Würdest du das wirklich für mich tun? Was ist mit deinem Zug?"

„Es gibt immer einen späteren Zug", antwortete Jonas. „Heute ist ein Tag der Nächstenliebe und ich möchte nicht, dass du dich alleine fühlst."

Sie setzten sich ans Fenster an einen kleinen Tisch in einem Café. Die Wärme des Raumes umfing sie und der Duft von Zimt und Kaffee lag in der Luft.

„Wo wolltest du denn ursprünglich Weihnachten verbringen?", fragte Jonas, während er einen Schluck von seinem dampfenden Getränk nahm.

Angelina zögerte kurz, dann antwortete sie: „Ich wollte nach Hause zu meiner Familie in München. Wir haben seit Jahren nicht mehr gemeinsam Weihnachten gefeiert. Es sollte eine Überraschung werden."

„Das tut mir wirklich leid", sagte Jonas mitfühlend. „Ich kann mir vorstellen, wie enttäuscht du sein musst."

„Ja, aber manchmal passieren eben unerwartete Dinge", antwortete Angelina und versuchte zu lächeln. „Wie zum Beispiel an Heiligabend von einem freundlichen Fremden auf einen Kaffee eingeladen zu werden."

Jonas lachte. „Ich konnte einfach nicht zusehen, wie jemand so traurig am Bahnhof steht, während alle um sie herum feiern."

„Danke", sagte Angelina. „Deine Geste bedeutet mir wirklich viel. Erzähl mir von deiner Familie. Wie feiert ihr Weihnachten?"

„Nun", begann Jonas, „es ist eigentlich immer das Gleiche. Ein großes Festessen, Geschenke und dann sitzen wir alle gemeinsam am Kamin und erzählen Geschichten. Einfach, aber schön. Und du? Wie ist Weihnachten bei euch?"

Angelina schmunzelte. „Sehr ähnlich! Nur dass wir anstatt Geschichten zu erzählen, immer alte Familienfilme anschauen."

Die beiden lachten und sprachen weiter über Kindheitserinnerungen, Weihnachtstraditionen und die kleinen Dinge, die die Feiertage so besonders machten. Die Stunden vergingen wie im Flug.

Als es Zeit wurde sich zu verabschieden, hatten sie das Gefühl sich schon ewig zu kennen. „Ich kann dir nicht genug danken", sagte Angelina „Du hast meinen Heiligabend gerettet."

„Es war mir ein Vergnügen", erwiderte Jonas und lächelte. „Lass uns in Kontakt bleiben, okay?"

Angelina nickte. „Das würde ich gerne."

Sie tauschten ihre Telefonnummern aus und während Jonas in den nächsten Zug nach Berlin stieg, war er glücklich und zufrieden. Zwar würde er verspätet bei seiner Familie eintreffen, aber er hatte etwas Gutes tun können und einen neuen, wertvollen Freund gefunden.

9 Ein festlicher Neubeginn

Anna starrte aus dem Fenster des Flugzeugs, während die Wolken an ihr vorbeizogen. Ein Kribbeln der Nervosität und eine leichte Sorge lagen in ihrer Magengrube, während sie darüber nachdachte, wie es sein würde nach so vielen Jahren nach Hause zu kommen. Zu lange hatte das hektische Leben in Indien und die Verantwortung ihres Berufs als Ärztin sie von ihrer Familie ferngehalten.

Annas Herz pochte, als sie vor der alten, hölzernen Tür ihres Elternhauses stand. Das weihnachtliche Licht schien durch die Fenster. Sie zögerte einen Moment bevor sie klopfte.

Als ihre Mutter die Tür öffnete und ihr mit einem strahlenden Lächeln entgegentrat, fielen alle Bedenken von Anna ab. „Mama... ich habe euch so vermisst", flüsterte Anna, während sie ihre Mutter fest an sich drückte. Sie spürte die warme, vertraute Umarmung und der Duft ihrer Mutter versetzte sie augenblicklich in ihre Kindheit zurück.

Die Wärme des Hauses umhüllte sie, als sie hereintrat. Ihr Vater, nun mit grauen Haaren, blickte mit einem sanften, liebevollen Blick auf sie herab und nahm sie fest in die Arme. Annas Augen schimmerten feucht, während sie den verpassten Momenten nachtrauerte, aber auch eine tiefe Dankbarkeit für diesen empfand.

Als sie ins Wohnzimmer kam, breitete sich ein Lächeln auf ihrem Gesicht aus. Ihr Bruder Lukas, dessen Gesicht nun von einem gepflegten Bart geziert war, strahlte sie an.

„Kleine Schwester!", rief er und hob sie in einer herzlichen Umarmung hoch.

„Du bist so alt geworden!", scherzte Anna, während sie lachte und die beiden sich nebeneinander auf das altmodische Sofa setzten.

„Wie geht's dir, Anna?", fragte Lukas sanft. Er blickte suchend in ihr Gesicht, als ob er die Erlebnisse der letzten Jahre darin finden könnte.

Anna seufzte. „Es geht mir gut, Lukas. Wirklich. Das Leben in Indien ist eben..." sie zögerte, „...anders."

„Oh, das kann ich mir vorstellen", erwiderte Lukas „Ich habe dich sehr vermisst. Erzähl uns von deinen Erlebnissen."

„Indien ist eine ganz andere Welt. Die Farben, die Gerüche, die Kultur... alles war so intensiv und lebendig", begann Anna. Sie schloss für einen Moment die Augen, als ob sie sich in die Erinnerungen vertiefte. „Ich war in Varanasi und habe den Menschen dabei zugeschaut, wie sie spirituelle Rituale vollzogen. Die Art und Weise, wie sie ihre Traditionen und ihren Glauben lebten, trotz aller Herausforderungen und der Einfachheit ihres Alltags, das war einfach schön. Aber inmitten des farbenfrohen Chaos habe ich vor allem diese Ruhe hier vermisst." Anna legte ihre Hand auf Lukas' Arm. „Ich freue mich so sehr, wieder hier zu sein."

Der Abend entfaltete sich mit einer seltsamen Mischung aus Vertrautheit und Fremdheit. Ihre Gespräche waren geprägt von Neugier und vorsichtiger Annäherung. Anna hatte das Gefühl, dass sie sich selbst und ihre Familie in diesen Jahren verloren hatte und spürte eine gewisse Trauer darüber. Doch gleichzeitig war da ein Gefühl des Nachhausekommens, das sie tief im Herzen berührte.

Anna zögerte, doch dann möchte sie endlich ihre wichtigen Neuigkeiten mit ihrer Familie teilen. „Ich... ich habe etwas zu erzählen", begann sie und legte ihre Hand auf ihren Bauch. „Ich werde Mutter."

Lukas' Augen weiteten sich vor Überraschung und dann, in einem Ausbruch von Freude, umarmte er sie fest. „Anna, das ist wunderbar!"

Der Blick ihrer Eltern rief bei Anna eine Mischung aus Aufregung und Zärtlichkeit hervor. Ihre Mutter legte eine Hand auf Annas Bauch und ihre Augen leuchteten aus Freude und einer Ahnung von zukünftigen, liebevollen Momenten. Ihr Vater, zu Tränen gerührt, küsste sanft ihre Stirn und sagte jubelnd „Ich werde Opa, ich werde Opa!" In diesem Moment fühlte Anna eine Zugehörigkeit, eine Verbundenheit, die sie seit Jahren vermisst hatte.

Während des Abendessens plauderte die Familie über all die verpassten Jahre, über die Erfolge und Misserfolge, über die gewonnenen und verlorenen Schlachten des Lebens. Die Zimmer waren mit dem Lachen und der leichten Melancholie der geteilten Erinnerungen gefüllt. Obwohl die Familie jahrelang nicht zusammengekommen war, ist eine tiefe, unerklärliche Bindung da, die nie verschwunden war.

„Erinnerst du dich, Anna", begann ihr Vater, „an den Tag, als du versucht hast den Weihnachtsbaum zu schmücken und dabei alles durcheinandergebracht hast?"

Anna lachte. „Ich war fest entschlossen den Baum perfekt zu schmücken! Und am Ende sah es danach aus, als hätte ein Tornado ihn getroffen!"

Und während Anna mit ihrer Familie vor dem prasselnden Kaminfeuer saß, versprach sie sich selbst, dass sie nie wieder so lange fernbleiben würde. In dieser Nacht unter dem festlichen Glanz der Weihnachtslichter hatte sich etwas in ihnen allen verändert. Es war nur allzu greifbar gewesen, wie sehr sie einander vermisst hatten. Anna wusste, dass sie, trotz der physischen Distanz, sich nie wieder so weit von ihrer Familie entfernen würde.

10 Herzen im Einklang

Die Lichter des Krankenhauses warfen sanfte Schatten auf die Straße. Mein Atem bildete kleine Wölkchen in der kalten Dezembernacht, und ich zog meine Jacke enger um mich. Seit Jahren hatte ich keine Freude mehr an Weihnachten, seit jener Nacht, als die Worte mit meinem Vater in bitteren Vorwürfen endeten und wir uns seither nicht mehr wiedergesehen haben. Aber heute, heute sollte sich etwas ändern.

In Zimmer 104 war ich Zeuge eines traurigen Schicksals. Schon lange betreute ich Walter, der mir erzählt hatte, dass er bedauerlicherweise keinen Kontakt mehr zu seiner Tochter Lilli hatte. Walter hatte Krebs und als ich heute zur Arbeit kam, musste ich feststellen, dass er in der letzten Nacht gestorben war. Ich war über den Vorfall bestürzt und traurig darüber, dass er sich nie wieder mit seiner Tochter versöhnen konnte.

Am späten Nachmittag betrat eine junge, schwangere Frau den Raum. Ihr Blick war verloren in einem Ozean von Tränen und verpassten Gelegenheiten. Sofort wusste ich, dass es Lilli war. Ihre Hände zitterten, als sie Walters kalte, leblose Hand berührte.

„Ich... Ich wusste nicht einmal, dass er krank war", flüsterte sie, ihre Stimme brüchig und klein. Sie schaute auf, unsere Blicke trafen sich und etwas in ihren Augen schien nach Verständnis zu suchen. „Wir haben... wir haben so lange nicht geredet und jetzt... ist es zu spät. Kannten Sie meinen Vater?"

„Ja, ich kannte Walter gut", antwortete ich mit ruhiger Stimme. „Ich habe ihn in den letzten Monaten oft betreut. Er war ein außergewöhnlich starker Mann mit einem weichen Herzen."

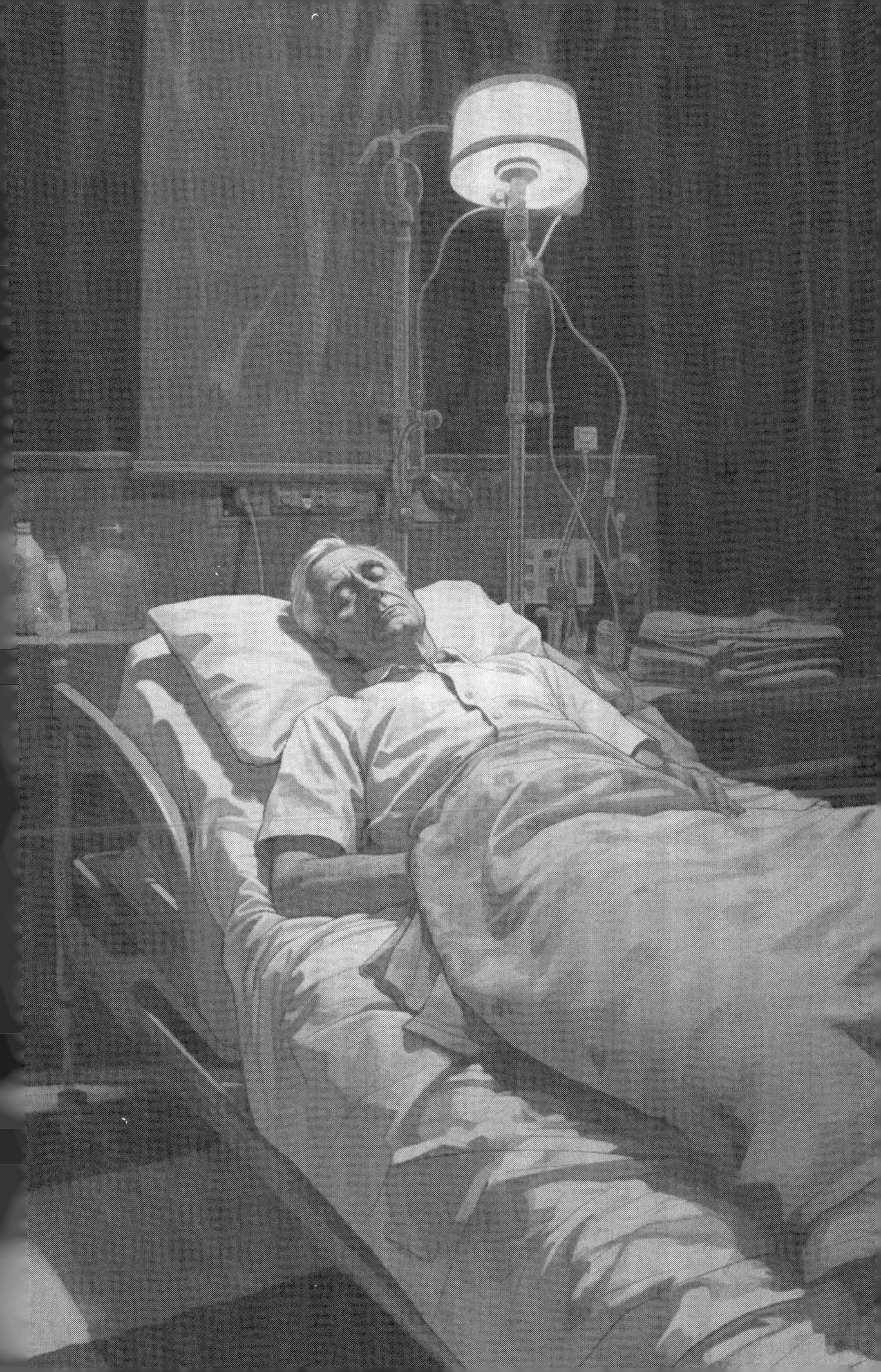

Lilli wischte sich hastig eine Träne aus dem Augenwinkel und schaute auf die leeren, weißen Wände des Krankenzimmers. „Ich... Ich wünschte, ich hätte das gewusst. Dann hätte ich ihm sagen können, dass ich ihn trotz allem liebe." Ihre Stimme war nicht mehr als ein Hauch.

„Er hat oft von dir gesprochen", fuhr ich fort, „Er hat deine Kindheit in lebendigen Farben beschrieben, er hat Geschichten erzählt von Weihnachten, Geburtstagen und den vielen glücklichen Tagen, die ihr gemeinsam verbracht habt."

Lilli schluchzte leise und schloss für einen Moment die Augen. „Aber dann ist meine Mutter gestorben und alles hat sich verändert", flüsterte sie. „Er hat Johanna geheiratet... Ich konnte es ihm nicht verzeihen, dass er jemand anderen liebte." Sie machte eine kurze Pause und fuhr dann mit brüchiger Stimme fort: „Ich wollte einfach nicht, dass jemand den Platz meiner Mutter einnimmt."

Ich nickte verständnisvoll. „Die Wunden, die durch Verlust verursacht werden, heilen nun mal langsam."

„Er hat versucht mir Johanna vorzustellen. Er wollte, dass ich ihr eine Chance gebe. Aber ich konnte nicht...", sagte sie, „Ich wollte nicht."

„Das kann ich verstehen", sagte ich leise. „Die Liebe und der Verlust nehmen uns oft so sehr ein, dass wir blind sind für das Glück und den Schmerz der anderen."

Wir verweilten einen Moment in schweigender Gemeinschaft, als die Tür erneut knarrte und Johanna mit leisen Schritten eintrat. Ihre Augen funkelten traurig, als sie Lilli ansah. Ich erhob mich und gab ihr Platz, um sich neben Lilli zu setzen.

Sie trat näher heran und wählte ihre Worte mit Bedacht.

„Du musst Lilli sein", sagte sie sanft, „Ich habe so viel von dir gehört und gehofft, dich eines Tages treffen zu können." Ihre Augen glitten zu Lillis rundem Bauch. „Und... Walter hätte sich so sehr für dich gefreut!"

Lilli, noch immer von ihren Emotionen überwältigt, nickte zögernd. „Ja, ich... Es tut mir leid, dass wir uns erst jetzt unter diesen Umständen begegnen." Sie legte schützend eine Hand auf ihren Bauch.

Johanna lächelte mild und setzte sich vorsichtig neben Lilli. „Ich habe mir oft vorgestellt, wie es sein würde, wenn wir uns treffen. Walter hat so sehr gewollt, dass wir einander kennenlernen. Er... Er hat dich immer geliebt, Lilli. Trotz der Distanz, die sich zwischen euch aufgebaut hatte."

Lillis Augen füllten sich erneut mit Tränen, aber sie erwiderte Johannas Blick. „Ich wünschte, ich hätte ihn besser verstanden, als ich noch die Gelegenheit dazu hatte."

„Manchmal sind die Mauern, die wir bauen, um uns zu schützen, genau die Mauern, die uns gefangen halten", sagte Johanna nachdenklich. „Ich hätte mir gewünscht, dass du die Liebe sehen könntest, die Walter und ich geteilt haben - es war nie ein Ersatz oder ein Vergessen der Liebe, die er für deine Mutter empfunden hat. Und es sollte niemals die Liebe minimieren, die er für dich empfand."

Lilli schaute nach unten, die Hand immer noch auf ihrem Bauch und dann wieder zu Johanna. „Ich weiß das jetzt... ich kann es sehen und ich bereue so sehr, dass ich es vorher nicht konnte."

Johanna streckte ihre Hand aus und legte sie zart auf Lillis. „Es ist nie zu spät für Vergebung, meine Liebe. Nicht für die, die gegangen sind, und nicht für uns, die wir zurückbleiben. Vielleicht können wir einen Weg finden voranzukommen, und dabei die Erinnerungen an Walter - deinen Vater - ehren, indem wir eine Brücke über die Kluft bauen, die uns so lange getrennt hat."

Die beiden Frauen, von Kummer und einem gemeinsamen Verlust verbunden, blickten einander an. In diesem Moment begann, zwischen zwei schlagenden Herzen, ein Prozess der Heilung und Annäherung.

Ich trat leise aus dem Raum, mein Herz schwer von dem Gewicht der überwältigen Emotionen, die durch die Wände hallten. Der Klang ihrer leisen, behutsamen Worte hing noch in meinen Ohren, als ich mich auf den Flur bewegte. Mein Blick glitt über das kühle Licht, das auf den sterilen Krankenhausflur fiel, doch meine Gedanken waren weit entfernt.

Johannas Worte... Sie hallten nach, fanden einen Widerhall in einem tiefen, unbeachteten Teil meiner selbst. *„Es ist nie zu spät für Vergebung..."* Ich dachte an meinen Vater, den ich jahrelang nicht gesehen hatte, den ich kaum noch kannte.

Meine Füße führten mich mechanisch durch die Gänge des Krankenhauses, während ich an den Stolz und den Zorn dachte, der mich von meinem Vater getrennt hatte. An die stumme Hartnäckigkeit mit der wir beide jede Annäherung vermieden hatten. Aber war der Grund für unseren Streit wirklich so wichtig? Konnte ich überhaupt noch sagen, was er war?

Die Gestalt von Lilli, mit ihren tränengefüllten Augen und dem unausgesprochenen Bedauern, geisterte vor meinem inneren Auge. Würde ich in vielen Jahren denselben Schmerz empfinden, wenn mein Vater ging, ohne dass wir unsere Differenzen klären konnten?

Nach Feierabend hatte ich einen Entschluss gefasst. Ich stieg ins Auto und fuhr die Straßen entlang in Richtung meiner Heimat. Die Kirchturmglocken läuteten in der Ferne, als ich mein Elternhaus durch das Fenster sah. Mein Herz pochte heftig, als ich an die Tür klopfte. Als sie sich öffnete und ich in die Augen meines Vaters blickte, sah ich ein Spiegelbild meiner eigenen Angst und Sehnsucht.

„Papa...", begann ich, „Ich... es tut mir leid."

Er zog mich in eine Umarmung und ohne ein weiteres Wort verstanden wir beide, dass unser Streit längst vergessen war.

Als ich nach einem langen Abend mit vielen schönen Gesprächen über die Erinnerungen, die wir gemeinsam erlebt haben nach Hause fuhr, war mein Herz so leicht, wie es seit Jahren nicht mehr gewesen war. Ich blickte durch das Fenster, wo die ersten Schneeflocken begannen zu fallen und lächelte. Weihnachten stand vor der Tür und zum ersten Mal seit langer Zeit freute ich mich wieder darauf.

11 Ein Weihnachtsfest der Kulturen

Die Sterne funkelten hell am winterlichen Nachthimmel über dem kleinen Haus der Familie Müller in einer beschaulichen deutschen Stadt. Drinnen knisterte das Feuer im Kamin und verbreitete eine behagliche Wärme, während der Duft von gebrannten Mandeln und frisch gebackenen Plätzchen durch die Luft zog.

Die Kinder, Milena und Jannes, waren ganz aufgeregt. In diesem Jahr würden sie Weihnachten nicht wie gewohnt nur im Kreise ihrer Familie feiern. Stattdessen hatten sie besondere Gäste: die Familie Ivanov aus Russland, die vor kurzem in ihre Nachbarschaft gezogen war. Die Kinder der beiden Familien hatten sich in der Schule angefreundet und nun waren alle neugierig darauf, wie die jeweils anderen das Fest der Liebe feierten.

Die Tür öffnete sich und herein kamen Alexei und Katja Ivanov mit ihren Kindern Masha und Darya. Ihre Gesichter waren gerötet von der winterlichen Kälte draußen, aber die Freude auf das Fest war ihnen ins Gesicht geschrieben.

„Frohe Weihnachten!", begrüßten sie die Müllers mit einem deutlich hörbaren Akzent.

Milena und Jannes erklärten eifrig: „Bei uns gibt es einen Weihnachtsbaum, den wir schmücken, und dann kommt das Christkind und bringt Geschenke!" Ihre Augen strahlten, als sie auf den prächtig geschmückten Baum zeigten, der in der Ecke des Wohnzimmers stand.

Masha und Darya lauschten interessiert und dann begann Masha zu erzählen: „In Russland feiern wir Weihnachten eigentlich am 6. Januar. Aber die größere Feier ist die Silvesternacht, da gibt es Geschenke von Großväterchen Frost und seiner Enkelin, der Schneeflocke."

Die Kinder der Müllers staunten. Sie hatten nie von Großväterchen Frost und der Schneeflocke gehört und waren begeistert von den neuen, spannenden Geschichten und Bräuchen, die ihre Freunde mitbrachten.

„Oooh, Großväterchen Frost!", rief Milena aus, „Das klingt ja spannend! Kommt er auch durch den Kamin wie der Weihnachtsmann?"

Darya lachte und schüttelte den Kopf. „Nein, er reist mit einer Troika, einem Schlitten, der von drei Pferden gezogen wird und bringt Geschenke für die Kinder."

Die Augen von Jannes leuchteten bei der Vorstellung. „Drei Pferde? Cool! Und was ist mit der Schneeflocke? Was macht die?"

„Die Schneeflocke ist die Enkelin von Großväterchen Frost", erklärte Masha geduldig. „Sie hilft ihm, die Geschenke zu verteilen und sorgt dafür, dass er auf seiner Reise nicht einschläft, weil es ja so kalt ist."

„Das klingt alles so aufregend!", rief Milena. Ihre Augen funkelten bei der Vorstellung von Großväterchen Frost und der Schneeflocke, die durch die kalte russische Winternacht reisten.

Katja Ivanov fügte hinzu: „An Silvester legen die Kinder eine kleine Leckerei für Großväterchen Frost unter ihre Kissen, als Dank für die Geschenke."

Jannes runzelte die Stirn. „Unter das Kissen? Werden die Süßigkeiten da nicht zerquetscht?"

„Manchmal, ja!", antwortete Alexei Ivanov lachend. „Aber es ist die Geste, die zählt. Und die Kinder freuen sich, wenn sie am Morgen aufwachen und ihre Geschenke finden."

Herr Müller lehnte sich zurück und lächelte. „Es ist so interessant, von euren Bräuchen zu hören! Bei uns legen wir die Geschenke unter den Weihnachtsbaum und öffnen sie am Heiligen Abend. Die Kinder versuchen immer vorher einen Blick darauf zu werfen."

Frau Müller fügte hinzu: „Und wisst ihr, was das Schöne ist? Trotz aller Unterschiede in unseren Traditionen gibt es so viele Gemeinsamkeiten. Die Vorfreude der Kinder, die Geschenke, das Zusammensein mit der Familie – all das macht die Weihnachtszeit doch so besonders."

Katja nickte zustimmend. „Ja, das stimmt absolut. Obwohl es in den verschiedenen Ländern so viele unterschiedliche Traditionen gibt, feiern wir doch alle die Liebe und Gemeinschaft, die diese Zeit des Jahres mit sich bringt."

Gemeinsam verbrachten sie einen zauberhaften Abend. Sie teilten ihre Bräuche, sangen deutsche und russische Weihnachtslieder, und lernten voneinander. Die Ivanovs staunten über die bunte Pracht des Weihnachtsbaumes, während die Müllers gespannt den Erzählungen über die russischen Winterfeiern lauschten. Die Kinder spielten und lachten, während die Erwachsenen gemeinsam das Essen zubereiteten.

Und so wurde dieses Weihnachtsfest zu einem unvergesslichen Erlebnis, einer Mischung aus Traditionen, die alle näher zusammenbrachte und aus der eine neue, wunderbare Freundschaft besiegelt wurde.

12 Die verschneite Weihnachtsfeier

In einem malerischen kleinen Dorf, tief in den verschneiten Bergen gelegen, freuten sich die Bewohner das ganze Jahr über auf das Weihnachtsfest. Die Vorbereitungen begannen Wochen im Voraus, als die Dorfbewohner ihre Häuser mit funkelnden Lichtern und duftenden Tannenzweigen schmückten. Die Kinder konnten es kaum erwarten ihre Geschenke auszupacken und die Erwachsenen freuten sich darauf, ihre Familien und Freunde zu sehen.

Doch an diesem Morgen des Heiligabends, als die ersten Schneeflocken vom Himmel fielen, wurde die freudige Erwartung durch Besorgnis abgelöst. Die Schneeflocken wurden dichter und dichter, bis sie zu einem wilden Schneesturm anschwollen. Die Bewohner eilten auf die Straßen, um zu sehen, was vor sich ging. Die Sicht war so schlecht, dass man kaum die Hand vor den Augen sehen konnte. Der Wind heulte und peitschte den Schnee umher und bald waren die Straßen mit einer dicken Schicht Schnee bedeckt.

„Das ist unmöglich!" rief Frau Gerhard, eine der Dorfbewohnerinnen. „Ich kann meine Eltern nicht erreichen, und sie freuen sich so sehr darauf, die Enkelkinder zu sehen."

Herr Jacob, ein älterer Herr, der immer ein weises Wort hatte, fügte hinzu: „Es sieht so aus, als ob der Schneesturm alle unsere Pläne zunichtemacht. Ich hoffe nur, dass es allen gut geht."

Die Ängste und Sorgen der Dorfbewohner wurden immer deutlicher. Frau Herzog schluchzte leise, als sie sagte: „Mein Bruder und seine Familie sollten heute ankommen. Ich mache mir wirklich Sorgen um sie."

Inmitten der Verwirrung und Enttäuschung war jedoch ein Funken Entschlossenheit zu spüren. Herr Anderson, der Bürgermeister des Dorfes, trat vor und sagte mit fester Stimme: „Lasst uns zusammenhalten und Wege finden, das Beste aus dieser Situation zu machen. Das Weihnachtsfest ist nicht nur ein Datum im Kalender, sondern ein Gefühl, das wir in unseren Herzen tragen. Lasst uns unseren Gemeinschaftssinn nutzen, um diese Nacht unvergesslich zu machen"

Die Dorfbewohner hatten sich versammelt und die Entschlossenheit in ihren Augen war nicht zu übersehen. Obwohl der Schneesturm draußen tobte und die Verbindung zur Außenwelt unterbrochen schien, weigerten sie sich, dem Weihnachtsgeist aufzugeben. Sie hatten einen festen Willen, das Beste aus dieser unvorhergesehenen Situation zu machen.

Herr Anderson, der Bürgermeister des Dorfes, trat erneut vor die Gruppe und sagte: „Wir mögen vom Schnee umgeben sein, aber wir sind nicht machtlos. Gemeinsam können wir diese Nacht zu einem unvergesslichen Weihnachtsfest machen."

Die Dorfbewohner hatten die Atmosphäre im Gemeinschaftshaus in ein wahres Wunderland verwandelt. Der Raum war mit funkelnden Lichtern, bunten Girlanden und handgemachten Dekorationen geschmückt. In der Mitte stand ein festlich geschmückter Weihnachtsbaum, dessen Lichter im Dunkeln glitzerten.

Es wurden kreative Lösungen gefunden, um das Fest dennoch zu einem besonderen Anlass zu machen. Die Kinder hatten ihre handgefertigten Geschenke unter den Baum gelegt und die Erwachsenen hatten Lebensmittel und Leckereien zum Teilen mitgebracht. Ein improvisiertes Buffet mit traditionellen Weihnachtsgerichten war aufgebaut worden und der Duft von gebratenem Geflügel und frischem Gebäck erfüllte den Raum.

Während die Dorfbewohner um den festlichen Baum saßen, begannen sie Weihnachtslieder zu singen. Die Kinder spielten auf ihren Instrumenten und bald erfüllte fröhliche Musik den Raum.

Die Freude am gemeinsamen Singen ließ den Schneesturm draußen vergessen.

Die Gesichter der Dorfbewohner strahlten, als sie ihre Geschenke austauschten und sich gegenseitig ihre Liebe und Wertschätzung zeigten. Jeder spürte, dass es in diesem Augenblick nicht um materielle Dinge ging, sondern um die Liebe und Verbundenheit, die sie füreinander empfanden.

Schließlich, als der Abend sich dem Ende zuneigte, wurde draußen der Schneesturm schwächer. Die Dorfbewohner hatten in ihrer Entschlossenheit die Straßen soweit freigeräumt, dass es am nächsten Morgen für jeden möglich sein würde, seine Familie zu besuchen.

So endete die Geschichte des verschneiten Weihnachtsfestes mit einem Lächeln auf den Gesichtern der Dorfbewohner und einer hoffnungsvollen Botschaft über das Überwinden von Widrigkeiten durch Zusammenhalt und die wahre Bedeutung von Weihnachten, die in der Liebe und Fürsorge für die Gemeinschaft lag.

13 Weihnachten im Schuhkarton

In dem warm beleuchteten Wohnzimmer der Familie Einstein saßen die kleine Marie und ihre Mutter um einen schlichten Holztisch und beäugten neugierig den leeren Schuhkarton, der in der Mitte stand.

Mamas Stimme durchbrach die stille Erwartung. „Weißt du, Marie, es gibt Kinder, die zu Weihnachten keine Geschenke bekommen, weil sie keine Eltern haben oder weil ihre Familien nicht genug Geld haben."

Marie blickte ihre Mutter mit großen, funkelnden Augen fragend an. „Aber Mama, die Kinder werden doch ganz traurig sein, wenn sie keine Geschenke bekommen."

Mama lächelte sanft und streichelte Maries Wange. „Ja, das stimmt, Süße. Deshalb möchten wir dieses Jahr helfen und einem Kind ein besonderes Geschenk machen."

Gemeinsam überlegten sie, was sie in den Karton packen könnten. Marie entschied, dass es eine Puppe sein sollte und Süßigkeiten. Mama legte noch ein kleines Buch dazu. Sorgfältig packten sie alles in den Schuhkarton, zusammen mit einer handgeschriebenen Notiz von Marie.

Einige Wochen später, in einem weit entfernten Waisenhaus ...

Sophie saß allein in ihrem Zimmer und draußen war es weiß und kalt. Es war Weihnachten, eine Zeit, die sie immer traurig gemacht hatte, denn sie erinnerte sich nicht an ein einziges Weihnachtsfest, an dem sie je ein Geschenk erhalten hatte. Sophie hatte ihre Eltern nie kennengelernt und war schon so lange im Waisenhaus, dass sie sich nicht mehr daran erinnerte, wie es war, Teil einer echten Familie zu sein.

Die Tür öffnete sich langsam und eine freundliche Sozialarbeiterin namens Frau Weber trat ein. In ihren Händen hielt sie einen kleinen Schuhkarton liebevoll mit Weihnachtspapier eingepackt. Sophie sah den Karton an und fragte sich, ob es wieder ein einfaches Weihnachtsessen für alle geben würde.

Frau Weber reichte der kleinen, zerbrechlich wirkenden Sophie den Karton mit einem warmen Lächeln. „Sophie, dieses Jahr haben wir eine besondere Überraschung für dich", sagte sie. „Dieses Geschenk ist für dich." „Für mich?", fragte Sophie überrascht.

Sie sah den Karton verwirrt an und öffnete ihn langsam. Ihre Augen weiteten sich in einem ungläubigen Staunen, als sie den Deckel anhob und die liebevoll verpackten Geschenke erblickte. Darin fand sie ein paar Süßigkeiten, ein Buch zum Lesen und eine kleine Puppe. Die Geschenke waren einfach, aber für Sophie waren sie ein wahrer Schatz. Ihre Augen füllten sich mit Tränen.

„Das sind deine Geschenke, Sophie", sagte Frau Weber. „Jemand hat an dich gedacht und diesen Karton extra für dich gepackt."

Sophie konnte nicht aufhören die Geschenke anzusehen und die Puppe zu umarmen. Es war das erste Mal in ihrem Leben, dass sie zu Weihnachten etwas Besonderes bekommen hatte. Sie fühlte sich so geliebt und geschätzt.

In dem Karton lag auch ein kleiner Brief. Sophie öffnete ihn und begann zu lesen. Die wenigen Worte berührten sofort ihr Herz und lösten einen Moment echter Freude in Sophie aus. Der Brief sagte:

Liebes Kind,

ich wünsche dir frohe Weihnachten!
Dieses Geschenk ist nur für dich.
Ich hoffe es bringt dir Freude und Hoffnung.

Mit Liebe, Marie und Familie.

Sophie drückte die Puppe fest an sich, als wäre es ein Schatz, der alle Wärme der Welt in sich trug. Es gab Menschen, die an Kinder wie Sophie dachten. Kinder, die nicht selbstverständlich in einem eigenen Zuhause mit einer Familie aufwachsen konnten.

Und obwohl Marie und ihre Mama zu Hause bei ihrem geschmückten Baum saßen haben sie es dennoch geschafft, einem kleinen Mädchen, kilometerweit entfernt, Mitgefühl zu schenken und die Magie von Weihnachten aufleben zu lassen.

14 Ein Weihnachtsfest der Gemeinschaft

Frau Becker saß am Fenster in ihrem Wohnzimmer, während draußen kalter Wind durch die Straßen fegte. Sie fühlte sich einsam und wusste, dass wieder ein einsames Weihnachtsfest auf sie zukam. Sie hatte nie wirklich gelernt Weihnachten zu schätzen. Als Kind hatte sie keine besonderen Erinnerungen an die Feiertage und als Erwachsene hatte sie keine eigene Familie gegründet. Für Frau Becker war Weihnachten einfach wie ein weiterer Tag im Jahr.

Ein sanftes Klopfen an der Tür riss sie aus ihren Gedanken. Als sie öffnete stand ihre Nachbarin, Frau Martin, lächelnd vor der Tür. „Guten Abend, Frau Becker", sagte sie. „Ich wollte Sie fragen, ob Sie Lust haben, Heiligabend mit uns in der Gemeinde zu verbringen. Wir feiern gemeinsam mit Freunden und Nachbarn. Es ist nichts großes, aber wir verbringen eine schöne Zeit zusammen."

Frau Becker zögerte einen Moment. Sie fühlte sich unsicher und fragte sich, ob sie in diese Gemeinschaft hineinpassen würde. „Ich werde darüber nachdenken", antwortete sie schließlich in der festen Annahme nicht dorthin zu gehen. Sie dachte, sie würde sowieso nicht dazugehören.

Am Heiligabend saß Frau Becker allein in ihrem Wohnzimmer und starrte auf den rar geschmückten Weihnachtsbaum, den sie aus Gewohnheit aufgestellt hatte.

Aber dann hörte sie draußen Stimmen und Gelächter. Als sie aus dem Fenster schaute sah sie, wie einige Gäste vor Frau Martins Haustür standen. Sie hatten sich versammelt, um gemeinsam in die Gemeinde zu fahren. Frau Becker erinnerte sich an die Einladung von Frau Martin und erkannte, dass sie nichts zu verlieren hatte. Sie zog schnell ihren Mantel an und lief auf die Straße.

Frau Martin bemerkte sie und nahm sie freudig in Empfang. „Wie schön, dass sie uns noch begleiten möchten, Frau Becker." Gemeinsam gingen sie zur Gemeinde. Dort waren viele Menschen zusammengekommen, einige kannte Frau Becker, andere nicht. Es war eine bunte Mischung aus Nachbarn, Freunden und Menschen, die über die Festtage keinen Besuch hatten.

Die Stimmung war festlich, aber einfach gehalten. Ein kleiner Weihnachtsbaum war aufgestellt und daneben lagen Geschenke, die von den Gästen mitgebracht worden waren. Es waren keine teuren Geschenke, sondern kleine Aufmerksamkeiten, um einander eine Freude zu machen.

Als Frau Becker das Fest betrat wurde sie von freundlichen Gesichtern und herzlichen Umarmungen begrüßt. „Willkommen, Hilde!" sagte Frau Brandt. Sie wohnte in derselben Straße. „Wie schön, dich hier zu sehen."

Die Gäste saßen an festlich gedeckten Tischen und unterhielten sich in fröhlicher Atmosphäre. Frau Becker fand einen Platz neben Frau Martin und begann mit den Menschen um sie herum zu sprechen.

„Ich habe schon ewig kein Weihnachten mehr gefeiert", sagte sie zu Frau Martin. Frau Martin lächelte. „Manchmal vergessen wir, dass es nicht darum geht, wie prächtig oder teuer ein Fest ist. Es geht darum, Zeit miteinander zu verbringen, die Gemeinschaft zu schätzen und die Geburt von Jesus Christus zu feiern."

Während des Abends erzählten die Gäste Geschichten, teilten Erinnerungen und lachten zusammen. Frau Becker spürte, wie sich ihre Einsamkeit langsam auflöste. Sie fühlte sich aufgenommen und wertgeschätzt.

Am Ende des Tages, als Frau Becker nach Hause ging, fühlte sie sich erfüllt. Sie hatte einen wundervollen Abend gehabt. Sie war voller Dankbarkeit für die warmherzigen Menschen, die sie kennengelernt hatte und schätze sich froh sogar ein paar neue Bekanntschaften gemacht zu haben.

15 Der Weihnachtsbaum

In der kleinen Stadt am Rande eines ausgedehnten Waldes lebte eine Familie, die die Bedeutung von Traditionen und Natur tief in ihrem Herzen trug. In diesem Jahr beschlossen sie einer besonderen Praxis zu folgen. Anstatt einen Weihnachtsbaum vom lokalen Markt zu kaufen, würden sie einen eigenen Baum aus dem nahegelegenen Wald selbst schlagen. Selbstverständlich sorgten sie vorab dafür, dass alles seine Ordnung hatte: Die Erlaubnis wurde eingeholt und man erklärte ihnen, dass nur die besonders markierten Bäume für das Abschlagen in Frage kamen, um die Natur zu schützen.

An einem klaren, frostigen Morgen machte sich die Familie in dicker, warmer Winterkleidung auf den Weg in den verschneiten Wald. Die Stille, nur durch das Knirschen ihrer Schritte im Schnee unterbrochen, hüllte sie in eine friedliche Ruhe.

Während sie durch den Wald stapften, beobachtete die kleine Lena einen Fleck von etwas Hellbraunem, das sich hinter einem weit entfernten Baum verbarg. „Schaut mal!", flüsterte sie, und alle Augen richteten sich auf den Hirsch, der neugierig, aber auch etwas ängstlich ihre Blicke erwiderte. Ein Moment des stillen Staunens breitete sich aus, während sie das Tier in der atemberaubenden Kulisse des verschneiten Waldes betrachteten und die unberührte Schönheit der Natur war in diesem Moment für alle greifbar.

„Wow", sagte Phil, Lenas älterer Bruder, beeindruckt.

„Wir dürfen seinen Lebensraum doch nicht zerstören", murmelte er, während er den Hirsch fasziniert beobachtete.

Der Vater nickte ernst und legte seine Arme um die beiden Kinder. „Das ist richtig, Phil. Wir müssen die Natur immer respektieren und behutsam mit ihr umgehen. Deshalb schlagen wir auch nur Bäume, die dafür markiert worden sind und an Orten, die nicht als Lebensraum für Tiere wie unseren Freund dort drüben dienen."

„Aber warum sind manche Bäume markiert, Papa?", fragte Lena neugierig. „Nun", erklärte der Vater, „das hat verschiedene Gründe. Manche Bäume sind vielleicht krank oder schon sehr alt, andere werden gezielt für Weihnachten gezüchtet. Das sorgt dafür, dass der Wald gesund bleibt und wir gleichzeitig unsere Tradition bewahren können ohne den Lebensraum der Tiere zu sehr zu beeinträchtigen."

Nach diesem lehrreichen Moment setzte die Familie ihren Weg fort, doch nun achtsamer für die Natur, die sie umgab. Bald darauf fand Lena einen großen Tannenzapfen auf dem verschneiten Waldboden und hielt ihn hoch. „Schaut mal, was ich gefunden habe!"

„Damit kann man tolle kleine Tannenbäume basteln", sagte die Mutter. Das löste eine lebhafte Suche aus, bei der alle Familienmitglieder eifrig nach den schönsten Tannenzapfen suchten. Es wurde ein Spiel, ein freudiges und verbindendes Ereignis in der Natur.

Während sie weitersuchten, verband der Vater die schöne Familienaktivität mit einer lehrreichen Geschichtsstunde. „Wisst ihr, Kinder, woher die Tradition des Weihnachtsbaumes eigentlich kommt?", begann er, während seine Augen im Schein des Winterlichts funkelten.

Phil rief begeistert: „Ich glaube, ich weiß es! Ist es nicht so, dass ein Mann einen Baum ins Haus gebracht hat, weil es draußen so kalt war?"

Die Familie lachte, und der Vater sagte: „Nein, Phil, die Tradition des Weihnachtsbaumes geht weit zurück und wird manchmal fälschlicherweise mit dem deutschen Reformator Martin Luther in Verbindung gebracht. Man sagt, dass er eines Nachts beim Spazierengehen den Himmel betrachtete und von den funkelnden Sternen so beeindruckt war, dass er einen Baum nach Hause brachte und Kerzen daran anzündete, um das Funkeln der Sterne in der Heiligen Nacht nachzustellen. Aber in Wirklichkeit hatte Martin Luther wenig mit der Tradition des Weihnachtsbaums zu tun", lachte der Vater dann.

„Martin Luther war es aber, der die Aufmerksamkeit des Weihnachtsfestes auf die Geburt von Jesus Christus lenkte, anstatt den heiligen Nikolaus zu feiern."

Die Kinder lauschten gespannt der Erzählung. „Aber was den Weihnachtsbaum angeht", fuhr der Vater fort, „war es so, dass in vielen Kulturen immergrüne Pflanzen und Bäume als Symbol für Leben und Fruchtbarkeit angesehen wurden und für verschiedene Feste und Rituale verwendet wurden. Daraus hat sich dann später zuerst in Deutschland der Brauch entwickelt einen Tannenbaum aufzustellen, um ihn mit Süßigkeiten und Leckereien für die Kinder zu verzieren."

„Das ist toll", sagt Phil. „Können wir dieses Jahr auch ein paar Süßigkeiten an den Baum hängen?"

„Selbstverständlich", sagt die Mutter fröhlich und nachdem sie weiter durch den schneebedeckten Wald gewandert waren, fanden sie schließlich den perfekten Baum. Zu ihrem Glück war er markiert, sodass sie diesen abschlagen durften. Sorgfältig fällten sie ihn und machten sich fröhlich auf den Heimweg.

Zu Hause wurde der Baum mit Lichterketten, Kugeln und natürlich leckeren Süßigkeiten geschmückt und erstrahlte zum leuchtenden Mittelpunkt ihrer Weihnachtsfeierlichkeiten. Mit dem frischen Duft des Waldes war er dieses Jahr etwas ganz Besonderes für die ganze Familie.

Und in dieser Weihnachtszeit wurde ihr liebevoll geschmückter Baum zum Symbol für Respekt gegenüber der Natur, für familiären Zusammenhalt und die Wunder, die in der Welt um uns herum lauern, wenn wir nur ganz genau hinschauen.

16 Zeit und Liebe ist das wertvollste Geschenk

David war ein junger Geschäftsmann, der in der Vorweihnachtszeit ständig in Eile war. Seine Tage waren vollgepackt mit Arbeit und Vorbereitungen für die Feiertage und er fand kaum Zeit für seine Familie und Freunde. Es war, als ob die Zeit wie Sand durch seine Finger rann und er sie nicht festhalten konnte.

Eines Tages, als David darüber nachdachte, wie wenig Zeit er mit seiner kleinen Nichte Mia verbracht hatte, beschloss er, ihr ein besonderes Geschenk zu machen. Er wollte ihr zeigen, wie sehr er sie liebte und wie wichtig sie ihm war. Also machte er sich auf den Weg in ein Spielzeuggeschäft und suchte lange nach dem perfekten Geschenk für seine Nichte. Schließlich kaufte er ein teures, glitzerndes Puppenhaus.

Mia war ganz aufgeregt, als sie das bunte Geschenkpapier entfernte und das Puppenhaus zum Vorschein kam. Sie nahm das Geschenk dankbar an, aber ihr Lächeln erreichte nicht ihre Augen. Sie nahm das Puppenhaus vorsichtig in ihre Hände und sagte leise: „Danke, Onkel David, es ist wirklich wunderschön." Dann zog sie sich mit dem Puppenhaus zurück, aber David konnte spüren, dass etwas nicht stimmte.

David wendete sich an Mias Mutter Daniela: „Was ist los mit Mia? Meinst du, ihr hat das Puppenhaus nicht gefallen?" Daniela seufzte leicht und erklärte: „Doch, ich bin mir sicher, dass Mia das Puppenhaus lieben wird, aber ich denke, sie sehnt sich einfach nach mehr Zeit mit dir. Sie hat dich in letzter Zeit wirklich sehr vermisst und ich glaube, das ist es, was sie sich wirklich wünscht. Geschenke sind nett, aber für Mia ist die Zeit mir dir das wertvollste Geschenk."

Diese Worte trafen David mitten ins Herz. Er hatte sich so sehr bemüht, ein tolles Geschenk zu finden, aber hatte vergessen, dass Geschenke gemeinsame Erlebnisse nicht ersetzen konnten.

David fühlte sich von Danielas Worten getroffen und gleichzeitig dankbar, dass sie ihm die Wahrheit sagte. Er erkannte, dass er so sehr darauf bedacht gewesen war, das perfekte Geschenk zu finden, dass er das Wesentliche aus den Augen verloren hatte.

„Ich verstehe, Daniela", antwortete David leise. „Ich habe mich in letzter Zeit zu sehr auf die Arbeit konzentriert. Ich werde mein Bestes tun, um mehr Zeit mit Mia zu verbringen und ihr die Aufmerksamkeit zu schenken, die sie verdient."

Daniela lächelte sanft und sagte: „Das bedeutet Mia sicherlich viel, David. Du bist ihr Patenonkel und du bist eine wichtige Bezugsperson in ihrem Leben. Deine Zeit und Liebe sind für sie unbezahlbar."

David ging die Treppe herauf und klopfte an Mias Zimmertür und trat ein. Verträumt spielte Mia mit ihrem Puppenhaus. „Hey Mia", sagte David „Darf ich mitspielen?" Sofort trat ein Leuchten in Mias Augen. „Oh ja, du darfst diese Puppe haben. Das ist der Papa. Er kommt gerade von der Arbeit nach Hause." Sie spielten eine Weile und dann sagte David zu Mia: „Weißt du was, ich war in letzter Zeit sehr beschäftigt. Hast du Lust nächstes Wochenende was zu unternehmen? Was möchtest du gerne tun?"

„Ja, ich würde so gerne Schlittschuh laufen" freute sich Mia. „Das machen wir, versprochen" freute sich David über ihre euphorische Reaktion.

Von nun an verbrachte David mehr Zeit mit seiner Nichte Mia. Sie spielten gemeinsam Spiele, er las ihr Geschichten vor und half ihr bei ihren kleinen Abenteuern. Gemeinsam schufen sie Erinnerungen, die immer in ihren Herzen bleiben würden. Mia war überglücklich, dass sie die Zeit mit ihrem Onkel David genießen konnte. Ihr war es nicht so deutlich bewusst, aber David erkannte, dass die wahren Geschenke des Lebens nicht in teuren Spielzeugen oder materiellen Dingen liegen. Das Kostbarste ist unsere Zeit und die Liebe, die wir miteinander teilen können.

17 Die geheime Weihnachtsmission

In einer kleinen Stadt, in der Adventszeit, gab es eine Gruppe von engen Freunden. Jeder von ihnen spürte den Zauber der Feiertage, aber sie fanden, dass Weihnachten viel mehr sein konnte als nur Geschenke, leckeres Essen und festliche Dekorationen. Gemeinsam beschlossen sie, etwas Besonderes zu tun, um die wahre Bedeutung der Feiertage zu zelebrieren.

Die Freunde trafen sich in einem gemütlichen Café, um ihre geheime Weihnachtsmission zu planen. Jeder von ihnen sollte eine Person in ihrem Umfeld auswählen, die besondere Unterstützung oder Aufmunterung benötigte. Aber anstatt teurer Geschenke zu kaufen, wollten sie durch kleine Taten der Freundlichkeit und Fürsorge für diese Menschen da sein.

Mike war fest entschlossen, seinem älteren Nachbarn, Herr Fischer, unter die Arme zu greifen. Er klopfte an Herr Fischers Tür, und als dieser öffnete, sagte Mike freundlich: „Hallo, Herr Fischer, ich habe gehört, dass Ihr Auto ein paar Probleme macht. Könnte ich einen Blick darauf werfen und vielleicht helfen?"

Herr Fischer, ein freundlicher, aber eher zurückgezogener Mann, lächelte überrascht. „Oh, Mike, das wäre wirklich nett von dir. Das Auto ist gestern nicht mehr angesprungen und ich bin mir nicht sicher, was los ist."

Während Mike sich das Auto anschaute, sagte er: „Keine Sorge, Herr Fischer, ich werde mein Bestes tun, um es wieder in Gang zu bringen."

Währenddessen entschied sich Jolina, etwas Zeit im örtlichen Pflegeheim zu verbringen. Sie wurde von einer freundlichen Pflegerin begrüßt, die sie zu den Bewohnern führte. Als Jolina mit einem älteren Herrn namens Herr Thompson ins Gespräch kam, sagte sie: „Herr Thompson, ich liebe es, Geschichten zu hören. Haben Sie eine besondere Geschichte, die Sie mit mir teilen möchten?" Herr Thompson, dessen Augen vor Freude aufleuchteten, begann zu erzählen. „Oh ja, junge Dame, ich habe viele Geschichten erlebt." Und so erzählte Herr Thompson Jolina, wie er seine damalige Frau Magrit kennengelernt hatte. Kurz darauf erzählte auch Frau Tiemann von ihrer aufregenden Studentenzeit. Jolina brachte Lachen und Freude in den Raum.

Matheo wusste von einer gestressten alleinerziehenden Mutter aus seiner Nachbarschaft. Er begegnete ihr beim Einkaufen mit zwei quirligen Kindern im Einkaufswagen und sagte freundlich: „Hallo Lea, ich sehe, dass du eine Menge zu erledigen hast. Wie wäre es, wenn ich für einen Nachmittag deine Kinder mit zum Spielplatz nehme und du ein paar Dinge erledigen kannst?"

Die erleichterte Mutter stimmte zu. „Oh, das wäre unglaublich hilfreich. Vielen Dank, Matheo!" Die Tage vergingen, und die Freunde führten ihre geheimen Weihnachtsmissionen mit Liebe und Hingabe durch. Sie erlebten die Freude, die sie in den Herzen der Menschen durch ihre Unterstützung entfachten.

An Heiligabend trafen sich die drei Freunde wieder, um ihre Erlebnisse zu teilen.

Mike, der als Erster sprach, sagte mit einem warmen Lächeln: „Nun, Leute, ich habe Herr Fischers Auto endlich wieder zum Laufen gebracht. Als er hörte wie das Auto wieder ansprang konnte er sein Glück kaum fassen. Er bedankte sich bei mir und sagte, das sei das beste Weihnachtsgeschenk, das er je bekommen hat."

Jolina erzählte mit strahlenden Augen: „Im Pflegeheim traf ich Herr Thompson, einen charmanten älteren Herrn. Wir haben uns stundenlang unterhalten und er hat mir Geschichten aus seiner Jugend erzählt. Als ich mich von ihm verabschiedete, sagte er, dass er sich seit langem nicht mehr so gut unterhalten hat. Die Menschen dort sind wirklich nett und die Geschichten urkomisch. Ich denke ich werde von nun an öfters dort hingehen."

Auch Matheo berichtet: „Ich habe mehrmals auf die Kinder der Mutter aus meiner Nachbarschaft aufgepasst. Wir haben gemeinsam Weihnachtsplätzchen gebacken und über ihre Wünsche für das Fest gesprochen. Ihre Mutter kam zurück und war so dankbar. Sie sagte, dass ich ein Geschenk des Himmels sei und sie niemals das Weihnachtsfest hätte so gut vorbereiten können, wenn ich nicht gewesen wäre. Ich muss euch ehrlich sagen, ihre Worte haben sofort mein Herz getroffen und waren wohl mein schönstes Weihnachtsgeschenk dieses Jahr. Ist es nicht toll, wie leicht wir andere Menschen glücklich machen können und sogar selbst dabei Freude empfinden?"

Sie erzählten sich noch lange von den besonderen Momenten, die sie mit den Menschen erlebt hatten, denen sie geholfen haben.

Ihnen ist klar geworden, dass Liebe, Aufmerksamkeit und Hilfe zu schenken viel kostbarer waren, als teure Geschenke zu kaufen.

Und so beschlossen sie ihre geheime Weihnachtsmission zu einer jährlichen Tradition zu machen, um dadurch mehr Glück in die Welt zu tragen.

18 Das verlorene Familienrezept

In einem kleinen, verschneiten Städtchen bereitete sich die Familie Kronsbein auf ihre jährliche Reise zu den Großeltern vor. Wie jedes Jahr hatten sie vor, anhand des legendären Familienrezeptes, Plätzchen zu backen - eine besondere Tradition, die von Generation zu Generation weitergegeben wurde.

Die Großeltern, Oma Rose und Opa Jack, waren immerzu begeistert von der bevorstehenden Familienzusammenkunft. Oma Rose war besonders liebevoll und erinnerte sich an all die wunderbaren Weihnachten, die sie mit ihren Kindern und Enkeln verbracht hatte. Opa Jack hingegen war für seinen humorvollen Geist bekannt und hatte immer einen Witz auf den Lippen.

Als die Familie in das gemütliche Haus der Großeltern kam, wurden sie von einem warmen, duftenden Backofen und einem liebevoll geschmückten Weihnachtsbaum begrüßt. Es war so, wie immer.

Nach einem herzlichen Willkommen und einer Tasse heißen Kakao brachte Oma Rose das Gespräch auf das Familienrezept. „Ihr Lieben, wir sollten gleich beginnen unsere berühmten Plätzchen zu backen", sagte sie lächelnd.

Die Familie stimmte begeistert zu und begann, die Zutaten aus dem Schrank zu holen. Doch dann bemerkte Oma Rose, dass das Rezeptbuch verschwunden war. Leichte Panik breitete sich aus, als die Familie das ganze Haus nach dem verlorenen Buch durchsuchte.

„Vielleicht hat Opa Jack es irgendwo versteckt, um uns zu ärgern", scherzte einer der Enkel.

Opa Jack lachte herzlich. „Oh nein, ihr schlauen Füchse, das war dieses Mal nicht meine Schuld!"

Während sie suchten kamen sie auf alte Geschichten und Erinnerungen zurück. Sie lachten über die Weihnachten ihrer Kindheit, als Oma Rose ihnen das Backen beigebracht hatte und Opa Jack mit seinem scheinbar endlosen Vorrat an witzigen Geschichten und Schabernack die Familie unterhalten hatte.

Oma Rose schoss eine Erinnerung durch den Kopf und sie lächelte. „Wisst ihr noch, als ihr Kinder klein wart und Opa Jack sich einen Streich mit euch erlaubt hat?"

Die Enkel schauten sich an und grinsten. „Welche Geschichte meinst du, Oma? Es gibt Tausende."

Oma Rose schmunzelte und begann zu erzählen: „Es war an einem besonders kalten Weihnachtsabend. Ihr Kinder konntet es kaum erwarten, eure Geschenke zu öffnen. Opa Jack hatte sich in das Weihnachtsmannkostüm geschmissen und war heimlich in den Garten gegangen. Als er dann vor dem Fenster auftauchte, habt ihr Kinder vor Freude und Staunen geschrien."

Die Enkel lachten bei der Vorstellung. „Nun ja," fuhr Oma Rose fort, „Opa hat sich im Garten versteckt und gerufen: 'Ho ho ho! Frohe Weihnachten, Kinder!' Aber er hat es so überzeugend gemacht, dass ihr wirklich gedacht habt, dass der Weihnachtsmann dort draußen war. Ihr seid aus dem Haus gerannt und habt ihm zugejubelt. Aber als ihr draußen ankamt, war Opa bereits verschwunden."

Die Enkel lachten noch lauter. „Oh, Opa und seine Streiche!" Jack grinste und gestand: „Ich musste mich in dem kleinen, engen Schuppen verstecken, um nicht erwischt zu werden. Als ich mich dann wieder dort mit dem dicken Kostüm herausgequetscht habe, bin ich doch tatsächlich über meine Füße gestolpert und mit dem Kopf im Schnee gelandet", lachte er laut. „Aber um die Freude in euren Augen zu sehen, war es mir das Wert."

Die Familie stimmte herzhaft in sein Lachen ein. Es waren die Geschichten, die die Familie enger zusammenschweißte und ihnen zeigte, dass die liebevollen Momente und gemeinsamen Erinnerungen die schönsten Geschenke waren.

Schließlich fand der jüngste Enkel das Rezeptbuch unter einem Stapel alter Fotoalben. Als er es zurückbrachte, war die Freude groß und die Familie begann mit dem Backen. Die Plätzchen, die aus dem Ofen kamen, dufteten köstlich, und das Lachen und die Freude erfüllten das Haus.

Am Ende des Tages saßen sie alle um den Weihnachtsbaum und genossen die frisch gebackenen Plätzchen. Opa Jack hob sein Glas und sagte mit einem Augenzwinkern: „Nun, meine Lieben, möge dieses Rezept niemals wieder verloren gehen und lasst uns auch dieses Weihnachten eine lustige Geschichte erleben, die wir nächstes Jahr erzählen können."

Die Familie lachte und stieß auf ihre geliebte Tradition an, wissend, dass Opa sich auch dieses Jahr an Weihnachten wieder einen Scherz erlauben würde.

19 Weihnachten ist überall

In einer modernen Welt leben Familien oft über weite Entfernungen verstreut. So auch Familie Hillebrecht. In diesem Jahr ist es der Familie nicht möglich sich über die Weihnachtsfeiertage zu treffen, deshalb wollen sie eine neue Tradition entstehen lassen. Die Geschwister Annelie und Elise lebten in verschiedenen Städten und ihre Eltern hatten inzwischen den Ruhestand angetreten und waren in den sonnigen Süden gezogen.

Annelie und Elise saßen an einem kalten Dezembertag jeder in ihrem eigenen Zuhause und sprachen miteinander über das Telefon. Beide Schwestern waren traurig darüber, dass sie Weihnachten in diesem Jahr nicht gemeinsam verbringen konnten.

„Ich vermisse dich so sehr, Elise", seufzte Annelie. „Es fühlt sich einfach nicht wie Weihnachten an, wenn wir uns nicht sehen."

Elise seufzte ebenfalls. „Ich vermisse dich auch, Annelie. Es ist schade, dass wir in verschiedenen Städten leben und unsere Eltern so weit weg sind."

Annelie überlegte einen Moment und sagte dann: „Weißt du was, Elise? Vielleicht könnten wir dieses Jahr Weihnachten auf eine andere Art feiern, auch wenn wir räumlich getrennt sind."

Elise wurde neugierig. „Wie meinst du das?"

Annelie lächelte und schlug vor: „Was hältst du davon, wenn wir ein virtuelles Weihnachten feiern? Wir könnten uns über Videoanrufe zusammenschalten und so trotzdem gemeinsam eine wunderschöne Zeit zusammen verbringen."

Elise fand die Idee großartig und stimmte sofort zu. „Das klingt wunderbar, Annelie! Wie stellen wir das an?"

Die Schwestern begannen, Pläne zu schmieden. Sie riefen ihre Eltern an, um sie von der Idee zu begeistern, und auch ihre Eltern waren sofort einverstanden. Es wurde beschlossen, dass sie sich an Heiligabend per Videokonferenz zusammenschalten würden, um gemeinsam Weihnachten zu feiern.

An Heiligabend versammelte sich die Familie vor ihren Computern und Tablets. Die Kameras wurden eingeschaltet und plötzlich waren sie alle miteinander verbunden, als wären sie im selben Raum.

Annelie strahlte vor Freude. „Es fühlt sich fast so an, als wärst du hier, Elise."

Elise stimmte zu. „Ja, es ist erstaunlich, wie nahe es sich anfühlt."

Die Eltern, die in Spanien saßen, winkten ihren Kindern fröhlich zu. „Wir sind so glücklich, dass wir auf diesem Weise trotzdem gemeinsam Weihnachten feiern können", sagte Annelies Vater.

Die Familie begann damit, Geschichten und Erinnerungen auszutauschen. Sie lachten über lustige Weihnachtsmomente und teilten Neuigkeiten aus ihren Leben. Es war schön einander sehen zu können, auch wenn genau genommen alle weit voneinander entfernt waren.

Schließlich schlug Annelie vor, Weihnachtslieder zu singen. Sie stimmten gemeinsam „Stille Nacht" an und die Musik füllte ihre virtuelle Zusammenkunft. Die schöne Melodie erinnerte sie an all die Weihnachtsabende, die sie in der Vergangenheit gemeinsam verbracht hatten.

Nach den Liedern war es Zeit für die Bescherung. Jeder nahm sein Geschenk zur Hand, und nacheinander öffneten sie ihre Geschenke vor der Kamera. Die Freude und Überraschung waren in ihren Gesichtern deutlich erkennbar.

Schließlich erhob jeder zu Hause sein Glas um anzustoßen, als wären sie in derselben Küche. „Fröhliche Weihnachten, meine Lieben. Lasst uns darauf trinken, dass wir jedes Jahr gemeinsam Weihnachten feiern – auch wenn es ‚nur' über die Kamera stattfindet", sagte Annelie fröhlich.

Die Familie verbrachte den Rest des Abends miteinander, teilte Lachen und Gespräche, als wäre alles wie immer. Und als die virtuelle Familienzusammenkunft zu Ende ging, fühlten sie sich beschenkt und gesegnet, dass sie die Liebe und Freude der Familie über die Entfernung hinweg teilen konnten.

20 Ein Weihnachtswunder auf vier Pfoten

Es ist Ende November und Alena sitzt gelangweilt in der Pause. Es läuft jemand an ihr vorbei und drückt Alena einen Flyer in die Hand. „Wir brauchen Hilfe! Das Tierheim ist überfüllt und viele herrenlose Tiere brauchen dringend neue Besitzer", stand darauf geschrieben. Aufgeregt kam sie nach Hause und sagte zu ihren Eltern: „Mama, Papa, ihr müsst unbedingt mit mir ins Tierheim gehen! Die Hunde dort brauchen Hilfe."

Ihre Eltern schauten sich besorgt an. „Alena, wir haben schon so viel um die Ohren. Ein Hund wäre eine große Verantwortung", sagte ihre Mutter.

Alena, die sich schon lange einen Hund gewünscht hatte, sah traurig aus, doch sie ließ nicht locker. „Aber ich werde mich um ihn kümmern, versprochen! Ich werde jeden Tag Gassi gehen und ihn baden und füttern. Ach bitte, Mama. Die armen Tiere brauchen doch auch ein zu Hause. Wir können ja wenigstens mal gucken gehen, oder? Ich wünsche mir auch sonst nichts anderes zu Weihnachten."

Nach langem Überlegen gaben ihre Eltern nach und stimmten zu, sich das Tierheim einmal anzuschauen. Gemeinsam machten sie sich auf den Weg. Als sie die vielen Hunde sahen, die bellten und winselten, fühlten sie sich überwältigt von all den traurigen Augen, die nach einem neuen Zuhause suchten.

Alena lief durch die Reihen der Zwinger und blieb plötzlich vor einem freundlich aussehenden Mischlingshund stehen. Er hatte helles, strubbeliges Fell und auf dem Schild am Zwinger war in Großbuchstaben der Name MILO zu sehen. Er sah Alena mit treuen Augen an, und ihr Herz schmolz dahin. „Mama, Papa, das ist er, er heißt Milo! Ich möchte ihn unbedingt haben", rief sie aufgeregt.

Ihre Eltern zögerten, doch Alena war entschlossen. „Bitte, bitte, er ist so lieb. Ich werde mich um ihn kümmern, versprochen! Bitte!"

Schließlich brachten ihre Eltern es nicht übers Herz Alena den Wunsch zu verweigern und sie nahmen Milo mit nach Hause. Der Hund passte sich erstaunlich schnell an die Familie an. Schon bald waren auch die Eltern dem treuen, kleinen Fellfreund verfallen. Er war lieb, verspielt und schien zu spüren, dass er nun endlich ein Zuhause gefunden hatte.

Es war der vierte Advent, und die festliche Stimmung im Hause der Familie war spürbar. Der festlich geschmückte Weihnachtsbaum strahlte im Wohnzimmer, und der Adventskranz auf dem Tisch brannte bereits seit einigen Wochen. An diesem Abend saßen Alena und Milo allein im Wohnzimmer. Alenas Mutter war in der Küche, und der Duft von leckerem Essen breitete sich im Haus aus.

Die vier Kerzen auf dem Adventskranz waren fast abgebrannt, und die Spannung vor Weihnachten stieg. Plötzlich geschah das Unvorstellbare: Die Kerzenflamme einer Kerze erreichte den Kranz und die trockenen Tannenzweige fingen Feuer. Alena bemerkte es nicht sofort, da sie mit ihren Puppen spielte und in ihre eigene kleine Welt vertieft war.

Der aufmerksame Hund Milo reagierte jedoch sofort. Er begann laut und aufgeregt zu bellen, als er den aufsteigenden Rauch und das Flackern des Feuers bemerkte. Sein Gebell klang wie ein Alarm und es drang bis in die Küche zu Alenas Mutter.

Die Mutter erschrak und rannte sofort ins Wohnzimmer. Als sie den brennenden Adventskranz sah, handelte sie instinktiv. Sie lief zur nahegelegenen Besenkammer, holte den Feuerlöschschaum und sprühte ihn auf die Flammen. Dank ihrer schnellen Reaktion und dem Löschschaum konnte sie das Feuer ersticken, bevor es sich ausbreiten konnte.

Alena wurde sich erst jetzt dem Ernst der Lage bewusst und starrte fassungslos auf den verkohlten Adventskranz und den schäumenden Löschschaum. Ihre Mutter atmete tief durch und sagte, „Milo ist ein Held. Er hat uns gerettet, indem er uns gewarnt hat."

In diesem Moment wurde deutlich, wie lebensrettend Milos Bellen gewesen war. Hätte er nicht so entschieden und aufgeregt reagiert, hätte das Feuer schwerwiegende Folgen haben können, besonders an diesem vierten Advent, kurz vor Weihnachten.

In dieser Weihnachtszeit hatten Alena und ihre Familie einen treuen Freund gefunden, der sich als echter Lebensretter herausgestellt hatte. Der Hund, den sie aus dem Tierheim gerettet hatten, war ein wahrer Weihnachtssegen gewesen.

21 Mitternacht im Spielzeugladen

Maria war in der malerischen Gegend von Andalusien in Spanien aufgewachsen und hatte schon immer eine Leidenschaft für Kunst und Kreativität. In ihrer Heimat hatte sie dies auch zu ihrem Beruf gemacht. Nach ihrer Übersiedlung nach Deutschland mit ihrem kleinen Sohn Pablo kämpfte sie jedoch mit der Sprachbarriere und musste ihre Träume vorerst aufgeben, um als Putzkraft in einem Spielzeugladen über die Runden zu kommen.

In einer kalten Dezembernacht konnte Maria keinen Babysitter für Pablo organisieren und musste ihn mit zur Arbeit nehmen. Dort kreuzten sich ihre Wege mit dem des Sicherheitsmannes Herrn Jensen, der heute den Nachtdienst übernahm.

Maria gab ihrem Sohn ein leeres Notizbuch, das sie in ihrer Tasche hatte und ermutigte ihn, darin zu zeichnen, während sie arbeitete. Pablo setzte sich an einen Tisch und begann all die Spielzeuge, die er liebte, aber die sie sich leider nicht leisten konnten, detailliert zu zeichnen – Züge, Autos, Brettspiele, und mehr.

Kurz nach Mitternacht entdeckte der alte, freundlich blickende Herr Jensen den Jungen und seine beeindruckenden Zeichnungen. Er war tief fasziniert von der Detailgenauigkeit und dem Talent des Jungen und wollte den kleinen Mann eine großzügige Freude machen.

Herr Jensen war früher ein Spielzeugmacher gewesen und hatte eine kleine Werkstatt zu Hause. Er schlägt Pablo vor, dass dieser ihn mit seiner Mutter am nächsten Tag besuchen soll, damit sie gemeinsam eines der Spielzeuge, die er gezeichnet hatte, zum Leben erwecken.

Maria war eine sehr stolze Frau und nahm ungern Almosen an. Sie war hin und her gerissen, ob sie dem Wunsch Pablo eine Freude zu machen nachgeben oder aber die freundliche Geste dankbar ablehnen sollte. Schließlich war es der erwartungsvolle, strahlende Blick ihres Sohnes, der sie dazu veranlasste, das Angebot des alten Mannes anzunehmen.

Herr Jensen erzählte, dass er einst der stolze Besitzer einer kleinen, aber feinen Spielzeugmanufaktur war, die im Sog des technologischen Fortschritts und der Massenproduktion untergegangen war.

Am nächsten Tag gingen die drei gemeinsam zu der Spielzeugstätte von Herr Jensen. Mit zaghaftem Zögern öffnete er Maria und Pablo die Türen zu seiner kleinen, verstaubten Werkstatt, einst gefüllt mit dem Lachen seiner eigenen Kinder und dem süßen Duft von frisch geschnitztem Holz.

Marias Blick fiel sofort auf ein besonders fein geschnitztes Vogelhaus, das nicht fertig gestellt worden war. Herr Jensen erzählte, dass er und seine verstorbene Frau dies einst begonnen haben, jedoch kurz darauf seine Frau gestorben war und er es seither nie wieder angerührt hatte. Er war den Tränen nahe, als er es vorsichtig in seine zitternden Hände nahm – ein Kunstwerk von solcher Detailverliebtheit und Zärtlichkeit, dass Maria unwillkürlich der Atem stockte.

In den folgenden Tagen besuchten sie Herrn Jensen häufig und die drei verbrachten viele Stunden in der kleinen, wohligen Werkstatt. Sie bastelten, lachten und teilten Geschichten miteinander. Sie stellten nicht nur ein Spielzeugauto für Pablo her, sondern vollendeten ebenso das Vogelhaus, das Herr Jensen all die Jahre missmutig angeschaut hatte. Maria bemalte es in einem wunderschönen Blau und Herr Jensen weinte vor Glück, als er das fertige Werk betrachtete. „Es ist wundervoll. Meine Frau hätte es geliebt" sagte er sichtlich gerührt.

Bis zum Heiligabend, sind Maria, Pablo und Herr Jensen enge Freunde geworden und feierten die Feststage gemeinsam.

In den folgenden Jahren verbrachten sie viele gemeinsame Stunden in der Werkstatt. Pablo wollte fast jede freie Minute bei Herr Jensen sein, der ihn liebevoll zu einem geschickten jungen Handwerker anleitete. Auch Maria fand in der Werkstatt einen schönen Ort, um dort in Ruhe ihrer Leidenschaft der Malerei nachzugehen. Die entstandene enge Freundschaft war für jeden der Drei großes Glück gewesen.

22 Die Suche nach dem perfekten Geschenk

Die funkelnden Lichter des Weihnachtsbaumes beleuchteten Laras Gesicht, als sie durch die dekorierten Straßen der Stadt schlenderte. Mit einer Liste in der Hand, die mehr Gedanken und Überlegungen enthielt als jegliche, die sie zuvor gemacht hatte, war Lara auf einer Mission: das perfekte Geschenk für ihre Großmutter zu finden.

Ihre Großmutter, eine sanftmütige und liebevolle Seele, hatte immer betont, dass es die Gedanken und die Liebe sind, die zählen, nicht der materielle Wert eines Geschenks. Aber in diesem Jahr wollte Lara etwas Besonderes finden, etwas, das die Wärme, Liebe und Dankbarkeit, die sie für ihre Großmutter empfand, repräsentierte.

Tagelang durchsuchte sie jeden Laden, betrachtete jedes potenzielle Geschenk mit sorgfältigem Blick und legte es dann doch wieder beiseite. Nichts schien genug zu sein, um die Tiefe ihrer Gefühle auszudrücken.

Am Rande der Erschöpfung und mit hängenden Schultern schlenderte Lara schließlich durch den schneebedeckten Park, wo ihre Großmutter und sie gemeinsam viele Stunden verbracht hatten. Während Lara daran dachte, wie Oma ihr Geschichten erzählt hatte und sie gemeinsam gelacht haben, begann Lara zu weinen. Ein großer, alter Baum, unter dem sie oft gespielt hatten, schien sie tröstend zu umarmen.

Da kam eine alte Dame auf sie zu, eingewickelt in einen warmen, gestrickten Schal. Es war Frau König, eine liebe Freundin ihrer Großmutter. Sie setzte sich neben Lara und schaute sie fragend und besorgt an. „Liebes Kind, was bedrückt dich so sehr an einem so schönen Tag?"

Lara hob den Kopf und sie schaute in die freundlichen, runzligen Augen von Frau König. „Oh, Frau König, ich kann einfach nicht das perfekte Geschenk für meine Großmutter finden. Sie bedeutet mir so viel und ich möchte ihr etwas geben, das ihr zeigt, wie besonders sie für mich ist."

Frau König lächelte liebevoll und legte einen Arm sanft um Laras Schultern. „Lara, weißt du, Geschenke kommen in vielen Formen und Größen. Aber die kostbarsten Geschenke kommen direkt aus unserem Herzen." Sie pausierte und blickte in den verschneiten Himmel. „Ich erinnere mich an eine Weihnacht, ewig lange her, als ich nichts Materielles zu geben hatte. Also gab ich meiner Familie Briefe, in denen ich meine Liebe und meine schönsten Erinnerungen mit ihnen teilte. Und weißt du was? Sie schätzten diese Worte mehr als jedes gekaufte Geschenk."

Laras Augen funkelten nachdenklich. „Worte aus dem Herzen...", murmelte sie leise vor sich hin.

In den darauffolgenden Tagen sammelte Lara alle Erinnerungsstücke, die sie mit ihrer Großmutter geteilt hatte. Ein kleines getrocknetes Blumensträußchen, das sie während eines Sommerspaziergangs gepflückt hatten, wurde sorgfältig auf eine Seite des Buches geklebt. Daneben schrieb sie: „Für immer bewahre ich diesen Sommermoment mit dir, Oma, in meinem Herzen."

Eine Zeichnung vom Haus ihrer Großmutter, vor dem sie viele Nachmittage beim Spielen verbracht hatten, fand ebenfalls ihren Platz im Buch. Lara schrieb darunter: „Dein Haus, Oma, ist mehr als nur ein Gebäude. Es ist ein Ort, an dem ich immer Geborgenheit und Liebe finde."

Ein Foto von ihnen beiden, lachend in einem Meer von Herbstblättern, wurde liebevoll eingefügt. Lara schrieb: „Dein Lachen, Oma, ist wie eine warme Umarmung an kalten Tagen und bringt immer Sonnenschein in mein Leben."

Lara verbrachte viele Tage damit, all diese Erinnerungen in ein handgefertigtes Buch einzufügen und fertigzustellen. Es war ein Buch voller Lachen, Liebe und gemeinsamer Erinnerungen – ein Spiegelbild ihrer Beziehung.

Am Weihnachtsmorgen, als ihre Großmutter das Geschenk öffnete und das Buch sah, war sie zu Tränen gerührt. Sie umarmte Lara fest und flüsterte: „Lara, meine Liebe, das ist das schönste Geschenk, dass du je für mich gemacht hast."

Lara war stolz und unendlich froh, dass sie ihrer Großmutter eine echte Freude zu Weihnachten bereiten konnte. Es hatten keinen materiellen Wert, aber es kam von Herzen und wurde dadurch unendlich kostbar.

23 Die gestohlene Weihnachtsfreude

In einem kleinen, charmanten Ort, der für seine festlichen Weihnachtsfeierlichkeiten bekannt war, glänzte der Weihnachtsstern – ein strahlendes Symbol der Hoffnung – jeden Dezember an einer alten Mühle direkt auf dem Marktplatz. Kinder mit rosigen Wangen blickten auf, Familien versammelten sich, die Hände fest um warmen Kakao gewickelt und in jedem Herzen brannte ein Fünkchen Hoffnung, wenn sie unter seinem Licht standen.

Dieses Jahr passierte jedoch etwas Erschreckendes. Am 22. Dezember war das Licht des Sterns plötzlich verschwunden. Der Stern wurde gestohlen. Dies löste eine heftige Welle der Bestürzung und großen Hektik aus.

Verzweiflung und Traurigkeit senkten sich über den Ort, dessen Bewohner das fehlende Glühen am Himmel beklagten. Doch zwei mutige Kinder, Micha und Viona, konnten sich nicht damit abfinden, dass der Stern verschwunden war. Also machten sie sich auf den Weg, den Stern und das Licht der Hoffnung zurückzubringen.

Ihre Suche führte sie durch das still gewordene Städtchen und über frostbedeckte Felder. Sie klopften an jede Haustür und fragten ob irgendjemand den Stern oder womöglich sogar den Dieb gesehen haben könnte. Doch niemand hatte etwas gesehen oder Ungewöhnliches bemerkt. Gegen Abend erreichten sie den Stadtrand und kamen zu einem abgelegenen, zerfallenen Haus, das von einer melancholischen Aura umgeben war. Hier klopften sie, doch es rührte sich nichts. Sie traten vorsichtig in die offene Eingangstür ein und fanden die Witwe, Frau Grüber, die den Stern liebevoll in ihrem Schoß hielt. Ihre Augen starrten auf das Funkeln, welches von traurigen Erinnerungen überschattet wurde.

Viona, die die Stille mit ihrer sanften Stimme brach, fragte: „Frau Grüber, warum haben Sie den Stern gestohlen?"

Betrübt blickte die alte Frau zu ihr auf, während sie sprach rannen Tränen über die faltigen Wangen: „Dieser Stern... er war für mich und meinen verstorbenen Mann ein Symbol unserer Liebe und unserer gemeinsamen Weihnachten. Nun, wo mein Mann nicht mehr da ist, habe ich mich plötzlich so einsam in der Dunkelheit gefühlt. Ich dachte, wenn ich ihn bei mir habe, dann könnte ich das Licht, das mit ihm ging, wiederfinden."

Die Kinder hörten aufmerksam zu und saßen eine Weile schweigend neben ihr bis Micha mitfühlend sagte: „Frau Grüber, Ihr Schmerz ist spürbar und wir verstehen ihn. Aber der Stern, er brachte nicht nur Ihnen Licht, sondern auch den anderen Menschen hier."

Viona ergänzte: „Dieses Licht, das er aussendet, ist mehr als nur ein Schein. Es ist das Licht der Gemeinschaft, der Liebe und der Hoffnung, die wir alle in dieser besonderen Zeit des Jahres teilen. Wenn es nur für eine Person leuchtet, verliert es an Kraft und Bedeutung. Es soll für alle da sein, damit die Hoffnung in uns allen existiert."

Frau Grüber, berührt von den Worten der Kinder und dem Verständnis, das sie zeigten, wischte ihre Tränen weg und nickte langsam. „Kinder, ihr habt Recht. Es war egoistisch und selbstgefällig von mir. Natürlich bringe ich den Stern zurück. Ich hatte nie wirklich vorgehabt ihn für mich allein zu behalten."

Gemeinsam brachten sie den Stern zurück zum Marktplatz, wo er wieder an der alten Mühle befestigt wurde. Er erstrahlte heller und wärmer als je zuvor.

Die Nachricht von Frau Grübers Tat und der Güte der Kinder verbreitete sich schnell und anstatt mit Groll, begegneten die Dorfbewohner der alten Witwe mit Mitgefühl und Verständnis.

In den Herzen der Bewohner erwachte eine sanfte Welle der Empathie, als die Geschichte der trauernden Frau ihre Runden machte. Statt Verdammnis für ihre Verzweiflungstat zu äußern, erkannten sie den Schmerz und die Einsamkeit, die hinter ihrer Handlung steckten.

Es war die Witwe Frau Werner, eine warmherzige Frau mit einem stets fröhlichen Lächeln, die den ersten Schritt machte. Sie klopfte zögerlich an Frau Grübers Tür, in ihren Händen hielt sie ein mit Rot und Gold verziertes Päckchen.

„Guten Abend, Frau Grüber", begann sie mit zärtlicher Stimme, „wir haben erfahren, dass sie sehr einsam sind und... wir möchten, dass Sie wissen, dass Sie hier nicht allein sind."

Frau Grüber, überrascht von diesem unerwarteten Besuch, öffnete ihre Augen weit und blickte in das warme Lächeln von Frau Werner.

Es waren die Familien Kärber und Schulte, die sich als nächste einfanden. Auch sie hatten Geschenke mitgebracht, bereit, die einsame Frau in ihre Gemeinschaft aufzunehmen. Sie luden Frau Grüber ein, Weihnachten mit ihnen zu verbringen, in einem Kreis von Menschen, die bereit waren, ihre Hoffnungen, ihre Freuden und ja, auch ihre Traurigkeiten miteinander zu teilen.

„Wir können den Verlust nicht ersetzen, Frau Grüber", sprach Herr Kärber sanft, „aber wir können Platz für Sie an unserem Tisch machen. Der Stern, den Sie so sehr liebten, war für uns alle ein Licht in dunklen Zeiten und Sie sollten unter diesem Licht mit uns allen stehen."

Frau Grüber, die in Einsamkeit versunken war, spürte, wie die Mauern ihres Schmerzes durch die freundlichen Gesten ihrer Mitmenschen Risse bekamen. Die Augen, die einst nur Trauer ausstrahlten, funkelten nun mit Tränen der Dankbarkeit und einem vorsichtigen Hauch von Freude.

Am Weihnachtsabend war Frau Grüber nicht mehr allein. Umgeben von lachenden Gesichtern, dem Duft von Zimt und Tannenzweigen und den melodischen Klängen von Weihnachtsliedern, war sie Teil einer Gemeinschaft, die ihr zeigte, dass Hoffnung und Licht oft dann erscheinen, wenn wir es am wenigsten erwarten.

Sie schaute nach oben zu dem Stern, der nun wieder für das gesamte Dorf leuchtete und in diesem Moment verstand sie, dass das Licht, das er ausstrahlte, in all den Jahren auch in die Herzen der Menschen um sie herum eingedrungen war. Ihr Herz, das so lange kalt und verschlossen war, wurde von der Wärme durchflutet, die diese neu gefundenen Freunde und ihre bedingungslose Akzeptanz ausstrahlten.

24 Schneeflockenflüstern

In einer kleinen Stadt in Norwegen, eingebettet zwischen verschneiten Hügeln und einem geheimnisvollen Winterwald, erzählt man sich seit Generationen eine Legende. Sie besagt, dass am Fuß des alten Leuchtturms, weit draußen im tiefen, unberührten Wald, Schneeflocken die Fähigkeit haben, verlorene Herzen wieder zu beleben. Nur am Heiligabend, wenn die Sonne langsam hinterm Horizont verschwindet und die letzten Strahlen der Wintersonne die Leuchtturmspitze küsst, beginnen die Schneeflocken zu tanzen und zu flüstern. Sie kreieren einen magischen Moment, der selbst das härteste Herz erweichen lässt.

Stella, eine junge Frau mit einer tragischen Vergangenheit und einer verlorenen Liebe, hört zum ersten Mal von dieser Legende in einer verstaubten, alten Bibliothek. Ein vergilbtes Buch, verborgen zwischen zwei mächtigen Wälzern der Literatur, flüstert ihr die Geschichte ins Ohr. Obwohl sie Skepsis verspürt, berührt etwas in der Erzählung eine tiefe Sehnsucht in ihr und ohne zu zögern, macht sie sich auf den Weg zum Leuchtturm, in der Hoffnung, die leeren Räume ihrer Seele zu füllen.

Jonathan, mit seinem Mantel eng um sich gewickelt, betrat den Pfad, der zum majestätischen Leuchtturm führte. Ein kalter Wind trug das entfernte Heulen des Meeres zu ihm, doch trotz der Bitterkeit der Kälte konnte er nicht umhin, das Gefühl zu haben, dass etwas Magisches in der Luft lag. Er wurde begrüßt von einem alten Hauswart, Elias, dessen Augen von einer warmen, tröstlichen Tiefe waren.

„Guten Abend, junger Mann. Sie sehen aus, als könnten Sie ein wenig Wärme gebrauchen", grüßte Elias freundlich.

Jonathan erwiderte das Lächeln und stellte sich vor. „Guten Abend. Ja, der Winter hier ist... intensiv. Mein Name ist Jonathan."

Elias schüttelte fest Jonathans Hand: „Ich bin Elias, der Hüter dieses Leuchtturms. Und du hast recht – der Winter hier kann bis in die Knochen kriechen. Aber er bringt auch eine Art Magie mit sich, findest du nicht auch?"

Jonathan, vom Anblick des funkelnden Schnees um ihn herum fasziniert, nickte. „Es gibt in der Tat eine unerklärliche Schönheit hier. Mir wurde gesagt, ich sollte mir unbedingt diesen Leuchtturm anschauen, während ich geschäftlich in der Stadt bin. Aber ich muss zugeben, dass ich nicht viel darüber weiß."

Eine wehmütige Freude tanzte in Elias' Augen, als er zu erzählen begann: „Dieser Ort, mein Freund, ist mehr als nur ein Leuchtturm. Es ist ein Ort, an dem gebrochene Herzen geheilt und verlorene Seelen wiederbelebt werden. Hast du je vom Flüstern der Schneeflocken gehört?"

„Das Flüstern der Schneeflocken? Nein, das habe ich nicht. Was ist das?" fragte Jonathan, während er sich neugierig niederließ, um Elias' Geschichte zu lauschen.

Während Elias in seiner Erzählung von der alten Legende und den Paaren, die hier im Laufe der Jahre Heilung gefunden hatten, vertieft war, näherten sich leise Schritte durch den Schnee. Eine junge Frau, Stella, trat aus dem schattigen Schutz des Waldes und ihre sanfte Stimme durchbrach die Geschichte. „Entschuldigung, ich wollte nicht stören."

Jonathan drehte sich um und sah in Stellas Augen, die irgendwie das Funkeln des gefrorenen Bodens um sie herum widerzuspiegeln schienen. „Ach, du störst doch gar nicht. Hallo, ich bin Jonathan und Elias erzählt mir gerade die Legende des Leuchtturms", sagte er, während er ihre Bekanntschaft machte.

„Hallo, mein Name ist Stella. Schön, dich kennenzulernen, Jonathan. Ja, ich habe von der Legende gelesen und diese hat mich so fasziniert, dass ich mir den Ort unbedingt anschauen wollte", erwiderte sie mit einem sanften Lächeln, und Jonathan konnte den Kummer hinter ihrer sanften Fassade erkennen.

Elias, der schelmisch grinste, zog sich diskret zurück mit den Worten: „Legenden werden wahr, wenn man daran glaubt. Ich glaube daran, dass die verletzten Seelen Heilung in unerwarteten Momenten finden können."

Als er verschwand, ließ er Stella und Jonathan alleine zurück, sie fixierten einander, während die ersten Schneeflocken des Abends zu fallen begannen. Stella brach die Stille mit einer flüsternden Frage: „Glaubst du an solche Geschichten, Jonathan? An die Idee, dass Liebe neu entfacht werden kann?"

Jonathan, der über ihre Frage nachdachte, antwortete mit einer Offenheit, die ihm selbst fremd war. „Ich bin nicht sicher. Ich habe einmal geliebt und verloren und dachte, das wäre es dann für mich. Aber etwas an diesem Ort, an dieser Nacht... es bringt Hoffnung, findest du nicht auch?"

Gemeinsam blickten sie in den Himmel, der nun dicht mit tanzenden Schneeflocken gefüllt war. Die letzten Sonnenstrahlen erhellten das Spektakel bevor die Sonne hinter dem Horizont versank. In diesem Moment, inmitten des zarten Flüsterns der Schneeflocken, fanden zwei verlorene Seelen einen Funken von etwas, das größer war als ihre Vergangenheiten und ihre gebrochenen Herzen - einen Funken von Hoffnung und beginnender Heilung.

Mit einem tiefen Atemzug teilte Jonathan seine Geschichte mit Stella. „Meine Frau, Andrea, war das Licht meines Lebens. Wir planten eine Familie und eine Zukunft miteinander. Aber vor zwei Jahren wurde sie mir bei einem tragischen Autounfall genommen. Seitdem...," seine Stimme zitterte, „ist mein Herz versteinert. Und jetzt, hier in dieser Schneelandschaft, fühle ich etwas. Ich kann es gar nicht beschreiben, aber zum ersten Mal seit langem möchte ich nicht mehr traurig sein."

Stella, von seiner Offenheit berührt, fühlte ähnlich, wie er. Sie sagte: „Jonathan, ich... ich weiß, wie es sich anfühlt, einen Teil von sich zu verlieren. Vor vielen Jahren habe auch ich jemanden sehr geliebt, aber wir wurden auseinandergerissen. Willy und ich verliebten uns, da waren wir noch sehr jung, aber unsere Liebe war echt. Sie war schon fast erdrückend intensiv. Doch leider musste er mit seiner Familie fortgehen. Sie hatten finanzielle Schwierigkeiten und seine Eltern nahmen ihn mit auf ein Handelsschiff, um als Matrosen über die Runden zu kommen. Er ließ mich mit einem Versprechen zurück, dass er wiederkommen würde. Aber das hat er nie getan. Ein Jahr lang schrieb er mir Briefe, doch seit zweieinhalb Jahren habe ich keinen Brief mehr erhalten." Sie schaute aufs Meer, der Traurigkeit über ihre Ungewissheit war ihr deutlich ins Gesicht geschrieben. „Das muss schrecklich für dich sein", sagte Jonathan mitfühlend „Nicht zu wissen, was mit ihm geschah." Stella schaute ihn traurig an, aber auch ein Funke blitzt in ihren Augen auf, der eben noch nicht da gewesen ist: „Ja, das ist es. Aber ich schätze irgendwann ist es an der Zeit loszulassen. Ich schaue mir die Schneeflocken an und sie zeigen uns wie lebendig das Leben ist, findest du nicht auch? Wie sie hier herumwirbeln und tanzen, es ist, als ob sie uns nur zu deutlich zeigen wollten wie schön das Leben trotz aller Widrigkeiten doch sein kann."

Tatsächlich schien es, als ob die schimmernden Schneeflocken Stella und Jonathan umkreisten und versuchten, die beiden einander näher zu bringen. Jonathan trat vorsichtig einen Schritt auf Stella zu, respektvoll, aber mit einer intensiven Neugierde. „Ja du hast Recht, Stella. Ich spüre das auch. Es ist, als würden die Schneeflocken tatsächlich mit uns sprechen, uns einen Weg weisen wollen. Stella, wollen wir gemeinsam herausfinden wohin uns der Weg führt?"

Stella sah auf, ihre Augen leuchteten, erfüllt von Hoffnung.

Sie reichte ihm die Hand, und als ihre Finger sich berührten, entfachte der zarte Funke zwischen ihnen ein sanftes, aber beständiges Feuer. Die Schneeflocken wirbelten weiter um sie herum, jedes Flüstern trug Geschichten der Liebe, des Verlustes und der Wiederfindung durch die winterliche Nacht.

In der Ferne, verborgen von den Bäumen, beobachtete Elias das Paar mit einem warmen Lächeln und flüsterte ein stilles Dankeschön an die Magie der Schneeflocken.

So, auf einem Pfad, den weder Jonathan noch Stella je zu beschreiten erwartet hätten, begann ein neues Kapitel ihrer Geschichten, in dem sie langsam lernten, die Liebe wieder zu entdecken – nicht als Ersatz, sondern als eine Ergänzung zu ihren Seelen, die so lange in der Kälte verweilt hatten.

Diese Geschichte von Jonathan und Stella wird vielleicht nie in den alten, verstaubten Büchern gefunden werden, die in den Regalen der Bibliotheken versteckt sind. Doch ihre Legende – eine Legende von verlorenen, dann wieder gefundenen Herzen, von neu entflammter Liebe in den winterlichen Weiten Norwegens – lebt weiter in den flüsternden Schneeflocken, die jedes Jahr um den alten Leuchtturm tanzen. Sie erfüllen die hoffnungsvollen Herzen derer, die bereit sind ihre Geschichten zu hören und selbst zu lieben, wieder und wieder.

Impressum

Lukas Bender wird vertreten durch

Sabine Gossen, Gohfelder Str. 30, 32584 Löhne

1. Auflage Oktober 2023

ISBN: 978-3-9825581-3-4

Liebe Leserinnen und Leser,

herzlichen Dank, dass Sie sich für dieses Buch entschieden haben. Dieses Buch wird durch unseren Partner Amazon gedruckt und versendet.

Dazu verwenden wir bewusst den Print on Demand Service. Das bedeutet, dass unsere Bücher nur dann von Amazon gedruckt werden, wenn Sie ein Exemplar bestellen.

Diese Druckvariante ist innovativ und umweltfreundlich. Es entsteht kein unnötiger Ressourcenverbrauch und somit keine Papierverschwendung.

Sie tragen also mit Ihrem Kauf aktiv zum Schutz unserer Umwelt bei. Danke, dass Sie uns unterstützen und nachhaltig handeln.

Da wir noch ein kleiner Verlag sind, bedeuten uns Rezensionen auf Amazon unglaublich viel. Wir freuen uns über Ihre ehrliche Bewertung auf Amazon.

Sie haben Fragen oder Anregungen? Dann melden Sie sich gerne bei uns unter lesefreude.verlag@outlook.de. Wir wünschen Ihnen viel Freude beim Lesen.

In herzlicher Verbundenheit,

Lesefreude Verlag

Printed in Poland
by Amazon Fulfillment
Poland Sp. z o.o., Wrocław

28254207R00061